AUTISMO

Luca Surian

AUTISMO

**INFORMAÇÕES ESSENCIAIS
PARA FAMILIARES, EDUCADORES
E PROFISSIONAIS DA SAÚDE**

Paulinas

Dados Internacionais de Catalogação na Publicação (CIP)
Angélica Ilacqua CRB-8/7057

Surian, Luca
　　Autismo : informações essenciais para familiares, educadores e profissionais da saúde / Luca Surian ; tradução de Cacilda Rainho Ferrante, Andréia Schweitzer – 2. ed. revista e atualizada. – São Paulo : Paulinas, 2023.

　　160 p. (Coleção psicologia e sociedade)

　　Bibliografia
　　ISBN 978-65-5808-209-5
　　Título original: L'autismo, Cos´è, come intervenire, cosa possono fare le famiglie, gli insegnanti, gli operatori

　　1. Autismo em crianças - Cuidado e tratamento I. Título II. Ferrante, Cacilda Rainho III. Schweitzer, Andréia IV. Série

23-0081 　　　　　　　　　　　　　　　　　　　　　　　　CDD-618.9285882

Índice para catálogo sistemático:
1. Autismo em crianças - Cuidado e tratamento

2ª edição revista e atualizada – 2023
1ª reimpressão – 2024

Título original da obra:
L'autismo – Cos'è, come intervenire, cosa possono fare le famiglie, gli insegnanti, gli operatori
© 2005 by Società Editrice Il Mulino, Bologna

Direção-geral:
Ágda França

Editora responsável:
Andréia Schweitzer

Tradução:
Cacilda Rainho Ferrante e Andréia Schweitzer

Copidesque:
Huendel Viana

Coordenação de revisão:
Marina Mendonça

Revisão:
Sandra Sinzato

Gerente de produção:
Felício Calegaro Neto

Projeto gráfico:
Wilson Teodoro Garcia

Produção de arte:
Elaine Alves

Nenhuma parte desta obra poderá ser reproduzida ou transmitida por qualquer forma e/ou quaisquer meios (eletrônico ou mecânico, incluindo fotocópia e gravação) ou arquivada em qualquer sistema ou banco de dados sem permissão escrita da Editora. Direitos reservados.

Paulinas

Rua Dona Inácia Uchoa, 62
04110-020 – São Paulo – SP (Brasil)
Tel.: 2125-3500
paulinas.com.br – editora@paulinas.com.br
Telemarketing e SAC: 0800-7010081

© Pia Sociedade Filhas de São Paulo – São Paulo, 2010

A Marina e Sofia

SUMÁRIO

PRÓLOGO
    12 de junho de 2005 9
    2 de abril de 2021 10

CAPÍTULO 1
Reconhecer o autismo 13
    Das primeiras descrições até hoje 15
    Heterogeneidade e tipos de autismo 19
    Como se manifesta o autismo 20
    As competências sociais e comunicativas 21
    A aquisição da linguagem 24
    Os interesses, as brincadeiras e
    o desenvolvimento motor 26
    Diagnóstico diferencial, comorbidades,
    trajetórias evolutivas 29
    Como se chega ao diagnóstico 31
    Alguns números 34

CAPÍTULO 2
As explicações biológicas 37
    Como é o cérebro e como é estudado 38
    Diferenças na dimensão do cérebro 40
    Peculiaridade das diversas estruturas e
    na conectividade 43
    Diferenças hormonais e metabolismo
    de neurotransmissores 51
    As bases genéticas 52
    Outros fatores de risco 55
    Ligações bidirecionais entre genes, cérebro,
    mente e comportamento 58

CAPÍTULO 3
Novas explicações psicológicas 61
    A organização perceptiva 62
    A percepção de movimento,
    vozes e semblantes 66
    A atenção 69
    Imitação, aprendizagem e memória 73

O raciocínio, a cognição social e o julgamento 80
As dificuldades no raciocínio psicológico
no autismo são persistentes e universais? 86
Emoções e empatia 89
As funções executivas 92
As explicações psicológicas na era
das neurociências 101

CAPÍTULO 4
As intervenções 103
Como se avalia a eficiência de uma intervenção 105
As intervenções farmacológicas 108
Intervenções psicoeducativas e
cognitivo-comportamentais 109
Psicoterapia e outras intervenções controversas 119
Reduzir a agressividade e a autolesão 124
Intervenções sobre as capacidades linguísticas
e comunicativas 125
Como enfrentar as estereotipias e
os comportamentos repetitivos 136
Favorecer a inclusão escolar 139
O autismo na idade adulta e
a inclusão profissional 144
Intervenções na sociedade e respeito
à neurodiversidade 148

PARA SABER MAIS 151

AGRADECIMENTOS 157

PRÓLOGO

12 de junho de 2005

Artur é um menino de 10 anos de idade que frequenta o 4º ano do Ensino Fundamental. É uma criança "estranha", que intriga adultos e outras crianças de sua idade por causa das peculiaridades de sua comunicação. Num primeiro contato na escola consegue-se identificá-lo facilmente: durante o recreio, enquanto todos brincam, ele fica sozinho num canto e de vez em quando se levanta e anda nas pontas dos pés para frente e para trás, agitando as mãos no ar como se fossem as asas de uma borboleta. Depois que se reiniciam as aulas, enquanto a professora está explicando a matéria, Artur a interrompe de repente declamando repetidas vezes e enfaticamente uma frase de um filme famoso. Se tiver que resolver um problema de Matemática, Artur parece se concentrar, mas continua repetindo em voz alta frases sem sentido. Quando lê uma história, tem dificuldade para identificar as personagens principais e compreender a trama. É afetuoso e se aproxima voluntariamente dos professores e dos coleguinhas para abraçá-los e tenta beijá-los. Seus pais, pessoas amorosas e sensíveis, logo entenderam que seu filho era "diferente". Aos 4 anos Artur já sabia ler e escrever e possuía uma linguagem complexa, rica de palavras raramente usadas pelas demais crianças. Não obstante, preferia ficar isolado e brincar sozinho. Artur nunca gostou de novidades, manifestando um forte apego a seus hábitos. Seus dias e suas semanas são marcados por rotinas muito rígidas: às segundas-feiras precisa comprar a revista de palavras cruzadas; às terças vai à casa dos avós; aos domingos sai para dar um volta e procura por todos os automóveis vermelhos que passam. Para ir à escola, é um problema: se não for pela rua a que está acostumado, ele entra em pânico. Os pais de Artur começaram a se preocupar e perguntar-se por que o filho não quer brincar com os outros, por que é tão prisioneiro dos mesmos hábitos, por que ama passar horas lendo a lista telefônica em vez de brincar e participar de jogos em grupo, como as crianças de sua idade. Recentemente, seguindo o conselho da professora, levaram o filho a um especialista em Psicologia Clínica. O especialista então diagnosticou autismo. Agora os pais tentam entender as implicações desse diagnóstico para o futuro de seu filho.

2 de abril de 2021

Artur agora tem 26 anos e ainda mora com sua família. Tem poucos amigos, que raramente vê, e suas dificuldades em interagir com outras pessoas o distinguem e não permitem que ele participe da maioria das atividades sociais pelas quais seus pares são apaixonados. Mas Artur, apesar dessas dificuldades, teve sorte em muitos aspectos. Seus pais o amam muito, fizeram de bom grado grandes sacrifícios por ele e mantiveram em casa um ambiente sereno, dominado pela aceitação, escuta e brincadeiras bem-humoradas. Encontraram uma excelente equipe de Neuropsiquiatria Infantil que, durante muitos anos, acompanhou Artur e o encaminhou para várias atividades psicoeducativas adaptadas a ele, ajudando-o a melhorar suas capacidades sociais e de comunicação e a reduzir certos comportamentos repetitivos.

Artur tem um nível de funcionamento intelectual geral acima da média e conseguiu integrar-se bem às instituições educacionais. Durante o Ensino Médio, encontrou professores preparados e sensíveis aos problemas relacionados ao autismo e seus colegas nunca o constrangeram ou zombaram de seus rituais bizarros, medos ou tom de voz incomum; ao contrário, incluíram-no no grupo, gostavam de seu bom humor e talentos em música e matemática.

Artur corre cerca de meia hora regularmente, três vezes por semana. Ele também é um especialista em observação de aves e é membro da Lipu (Liga Italiana de Proteção aos Pássaros), do WWF (World Wide Fund for Nature) e Legambiente (associação ambientalista italiana com raízes no movimento antinuclear). Este ano ele vai se formar em Engenharia da Computação na Universidade de Pádua. Tem uma média bastante alta e demonstrou muita determinação, precisão e originalidade em vários trabalhos. Artur nunca teve uma namorada, mas há alguns meses vem trocando mensagens e conversando por telefone com Sandra, uma moça da mesma idade com síndrome de Asperger, a quem conheceu on-line, que pinta quadros grandes e coloridíssimos. Eles decidiram se encontrar no próximo mês e planejam fazer uma viagem juntos para a Escócia e a Irlanda no verão para visitar os parques naturais e os laboratórios da Universidade de Dublin, onde Artur talvez faça seu doutorado.

CAPÍTULO 1
Reconhecer o autismo

"Autista" é o adjetivo que o psiquiatra suíço Eugen Bleuler inventou para descrever o retraimento em si mesmo de alguns de seus pacientes (do termo *autos* que, em grego, significa "Eu"). O termo foi então utilizado por muitos autores para descrever dificuldades observadas também em crianças e adolescentes. Em um artigo em alemão de 1926, a psiquiatra russa Grunya Efimovna Sukhareva ilustra em detalhes as características autistas de seis crianças que, no entanto, foram diagnosticadas por ela com "psicopatia esquizoide de início precoce". A distinção entre autismo e outras síndromes é proposta pela primeira vez por Hans Asperger, pediatra vienense, em uma tese de doutorado apresentada em 1943 (e publicada em 1944), na qual usou o termo "psicopatia autista", e no mesmo ano por Leo Kanner, psiquiatra da Johns Hopkins University, em Baltimore (EUA) em um artigo. Foi também Kanner quem, num trabalho posterior, propôs chamar a síndrome de "autismo infantil". Em sua tese, Asperger descrevia magistralmente apenas quatro meninos, mas seu trabalho foi resultado da observação de cerca de duzentas pessoas com características semelhantes. Por sua vez, em seu primeiro artigo de 1943, Kanner relatou as observações feitas em onze crianças, três meninas e oito meninos, todas caracterizadas por dificuldades marcantes nas relações sociais e na comunicação. Para esses primeiros casos, assim como para aqueles observados atualmente, os critérios diagnósticos internacionais mais recentes prescrevem o uso do termo "Transtorno do Espectro Autista", introduzido por Lorna Wing.

O termo "espectro", por analogia com o espectro de cores, destaca a concepção dimensional do autismo que havia sido proposta por Asperger e não compartilhada por Kanner. Essa perspectiva enfatiza uma grande variabilidade quantitativa e gradual, em vez de uma diferença qualitativa e categórica. O termo "espectro" é útil para indicar a grande diferença de características que pode ser observada entre pessoas com autismo. Segundo essa perspectiva, a diferença entre pessoas com e sem autismo deve ser pensada como uma diferença de grau, não de qualidade. O autismo é diagnosticado quando uma constelação de traços, também chamada de "traços autistas", está presente num mesmo indivíduo e se manifesta de forma muito acentuada. Por exemplo, a criança mostra uma atenção excessiva aos detalhes, uma forte propensão para a repetição de algumas atividades e uma dificuldade considerável em aceitar mudanças, em fazer amigos e em comunicar-se. No entanto, os mesmos traços podem ser encontrados, embora de forma menos pronunciada, também em muitas pessoas com desenvolvimento típico.

Embora o uso dos termos "espectro" e "autista" seja agora universalmente aceito, a escolha do termo "transtorno" ainda é controversa. Alguns hoje até questionam se é realmente correto considerar o autismo um "transtorno mental". O termo "transtorno" (em inglês, *disorder*) implica perturbação da saúde, um desvio patológico de uma normalidade do neurodesenvolvimento. Mas quais são as evidências de que esse desvio realmente existe, ou que, constatada a existência de um desvio ou diferença, é apropriado vê-lo como a expressão de uma patologia? O uso de outros termos como "deficiência" ou o termo ainda mais neutro "condição" é, segundo alguns, preferível porque, embora expresse a presença de dificuldades que podem tornar necessária a ajuda ou a intervenção, não sugere a presença de uma doença a tratar. O problema da definição, como se pode constatar, é complexo e deve ser enfrentado racionalmente, à luz dos dados disponíveis. Por isso voltaremos a ele no final do livro, depois de termos discutido as manifestações comportamentais e os resultados da pesquisa sobre as bases neurais e psicológicas do autismo.

O que é o autismo e como se pode intervir sobre ele são temas hoje presentes no centro de debates acalorados promovidos não só pelas principais revistas científicas de Psicologia, Medicina e Neurociências, mas também por jornais e programas de rádio, televisão e nas redes sociais. Aprofundar o conhecimento do autismo com base em fontes de pesquisa científica confiáveis sempre foi, obviamente, uma necessidade prioritária para familiares, professores e profissionais de assistência social e saúde. Mas é importante que haja um bom conhecimento do autismo também entre os amigos e colegas de classe. Os pais de crianças com autismo fazem esforços admiráveis todos os dias para obter condições que promovam o desenvolvimento e o bem-estar de seus filhos, criando ambientes físicos e sociais que levem em consideração suas peculiaridades, necessidades e talentos. Esses esforços são recompensados quando também se melhora o conhecimento da natureza do autismo na população em geral.

Das primeiras descrições até hoje

Hans Asperger e Leo Kanner propuseram inicialmente que o autismo ("psicopatia autista" para Asperger) era uma *síndrome*, ou seja, consistia na coexistência não aleatória de várias características. Algumas das características apontadas por eles ainda constam nos critérios diagnósticos internacionais. Outras, por outro lado, talvez fossem o resultado da amostra muito pequena e pouco representativa examinada. A incapacidade de se relacionar socialmente é o sintoma fundamental do autismo. As crianças com autismo manifestam desde muito cedo anomalias na interação social: não se antecipam, por exemplo, com adaptações posturais, ao serem pegas nos braços e não demonstram interesse em compartilhar experiências. Essas anomalias da interação social podem ser observadas desde o nascimento ou surgir mais tarde, entre seis e doze meses; no caso de observação facial, após o segundo mês.

Na lista de traços autistas proposta por Kanner, encontramos a habilidade linguística desenvolvida tardiamente e sem funções comunicativas. A ausência de uma função comunicativa é evidente em alguns casos de repetição literal de frases ouvidas de outra pessoa, comportamento que em textos clínicos é chamado de "ecolalia", mas em outros casos o comportamento ecolálico cumpre uma função comunicativa. Outra peculiaridade diz respeito à inversão dos pronomes pessoais de primeira e segunda pessoas do singular, ou ao uso do nome no lugar do pronome "eu".

Kanner descreveu claramente as manifestações relacionadas à repetitividade monótona, ao repertório restrito de interesses e ao apego a rotinas disfuncionais. Outras características que ele incluiu entre os sintomas autistas – em particular o potencial cognitivo, o pânico por certos ruídos, os distúrbios alimentares e de coordenação motora – são agora consideradas frequentemente associadas ao autismo, mas excluídas dos critérios diagnósticos.

Algumas crianças com autismo exibem a capacidade de memorizar grandes quantidades de informação, se ela pertencer a um dos focos de seu interesse. Muitas vezes, esse aprendizado ocorre por simples repetição ou, de qualquer forma, sem que as informações sejam organizadas semanticamente. Além disso, as crianças podem mostrar capacidades excepcionais, especialmente na aprendizagem de listas de nomes, fatos, edifícios. Essas capacidades emergem claramente, especialmente em crianças sem déficits linguísticos graves. As crianças também se envolvem na exploração de objetos por longo tempo e algumas delas são capazes de desenvolver amplo conhecimento relacionado a um domínio circunscrito. É falso, porém, que as crianças com autismo não apresentem dificuldades no desenvolvimento dos processos cognitivos: muitas delas apresentam deficiência intelectual média ou grave e todas, como veremos no terceiro capítulo, relatam dificuldades de compreensão interpessoal. Os distúrbios alimentares também costumam estar presentes. Às vezes, esses distúrbios podem estar relacionados à extrema seletividade do alimento aceito e às ações de mastigação e deglutição, e podem ser tão graves que tornam necessária a administração forçada de alimentos. Manifestações de pânico por ruídos e objetos em movimento também são frequentes: triciclos, balanços, elevadores, aspiradores, água corrente, batedores de ovos e objetos mecânicos causam grande desconforto em algumas crianças com autismo. Finalmente, muitas delas têm um andar desajeitado, dificuldades de coordenação e outras manifestações de embaraço motor.

Algumas das características apontadas por Kanner ainda são motivo de debate e controvérsia devido à inconsistência dos dados. Por exemplo, a associação entre autismo e condição socioeconômica ou quociente de inteligência (QI) dos pais é controversa. Kanner acreditava que o autismo era mais comum em famílias de classe alta e com altos níveis intelectuais, mas essa opinião não foi confirmada por algumas das pesquisas epidemiológicas. A associação entre QI materno e a incidência de autismo ainda hoje é uma questão de debate. Muitos estudos relataram a confirmação dessa hipótese, mas alguns pesquisadores propõem que se trata de uma associação espúria, devida à melhor capacidade das mães intelectualmente mais dotadas de buscar orientação nos sistemas de assistência social e de saúde, o que facilita o diagnóstico correto de seu filho. Uma pesquisa publicada em 2002, no entanto, mostra que a associação entre QI materno e transtorno intelectual infantil é encontrada no autismo, mas não na maioria dos outros transtornos do desenvolvimento. Isso sugere que a associação não se deve apenas ao processo diagnóstico facilitado por mães com QI mais alto.

As crianças descritas por Kanner apresentavam um físico normal e, ainda hoje, não se conhecem sinais físicos ("fisiopatognomônicos") úteis para o diagnóstico de autismo. No entanto, algumas pesquisas recentes sugerem que o autismo está associado a algumas características físicas, como uma leve macrocefalia. As crianças com autismo que foram expostas no período pré-natal à talidomida, um medicamento muito prejudicial ao desenvolvimento fetal, têm as orelhas ligeiramente mais baixas do que as outras crianças. Essas anomalias têm pouco valor diagnóstico, mas podem ser indicadores úteis do processo causal que leva, pelo menos em alguns casos, ao autismo.

O comportamento "retraído" das crianças foi visto durante muitos anos do século passado como uma tentativa de impedir a intrusão do mundo exterior em seu mundo interior. Essa perspectiva não recebeu nenhuma confirmação empírica. Por outro lado, pesquisas recentes destacaram algumas das bases genéticas e neurais do autismo e a centralidade dos processos cognitivos, em particular a dificuldade em adquirir e elaborar informações sociais e psicológicas. Exploraremos essas questões nos próximos dois capítulos.

Na década de 1970, quando as teorias do autismo ainda eram dominadas pela psicodinâmica, Neil O'Connor e Beate Hermelin, do Medical Research Council [órgão responsável por coordenar e financiar a pesquisa médica no

Reino Unido], iniciaram as primeiras investigações experimentais sobre as características perceptivas e cognitivas de crianças com autismo, e Antonio Damásio propôs uma das primeiras teorias neurológicas sobre o cérebro autista. Nas últimas décadas, houve um aumento exponencial desse tipo de pesquisa, que também fez uso de muitas técnicas complexas de neuroimagem. Isso tem permitido detectar não apenas diferenças estruturais relacionadas ao tamanho de certas áreas do cérebro, mas também peculiaridades funcionais registradas quando uma pessoa está realizando determinada tarefa, como veremos melhor no próximo capítulo.

Heterogeneidade e tipos de autismo

Em 1944, Hans Asperger publicou sua tese sobre um distúrbio que propôs chamar de "psicopatia autista" e ao qual seu nome agora está associado. Nos pacientes descritos por Asperger observamos as mesmas dificuldades comunicativas e sociais que encontramos no autismo, mas não há deficiência intelectual ou linguística. Segundo alguns autores, trata-se de pessoas com autismo "de alto funcionamento", enquanto para outros autores é algo diferente do autismo. Na última versão do *Manual de Diagnóstico e Estatístico de Transtornos Mentais*, 5ª edição (DSM-5), uma única categoria geral foi mantida, a dos Transtornos do Espectro Autista (TEA), dentro da qual foi abandonada a distinção entre as várias subclasses. As contribuições clínicas de Asperger para a descoberta do autismo, depois de terem sido ignoradas por muito tempo, também foram valorizadas graças a Uta Frith, que editou a tradução para o inglês em 1991. Steve Silberman, em seu excelente livro popular de 2015, *NeuroTribes: The Legacy of Autism and the Future of Neurodiversity*, destaca a atualidade de suas propostas não só no campo do diagnóstico, mas também em termos de atividades psicoeducativas, valorização de talentos e inclusão profissional. Um estudo publicado em 2018, por Herwig Czech, revela que Hans Asperger, infelizmente, também desempenhou um papel ativo nas infames e cruéis políticas de eliminação de pessoas com deficiência implementadas pelos nazistas. Após um século de esquecimento, talvez tenha chegado o momento de reconhecer também a contribuição para a descoberta do autismo da grande psiquiatra russa Grunya Shukareva (cujo nome foi grafado incorretamente, como Ssucharewa, no artigo publicado em alemão em 1926).

Como se manifesta o autismo

O autismo aparece antes dos três anos de idade e se manifesta em dificuldades acentuadas nas relações sociais e nas habilidades de comunicação e em algumas peculiaridades no repertório de interesses e atividades. As dificuldades que distinguem o autismo mantêm-se na idade adulta, mas a sua gravidade pode, em alguns casos, ser significativamente reduzida. Em alguns estudos de acompanhamento, foi relatado que 6-10% das crianças com autismo na infância, quando reexaminadas na idade adulta, não preenchiam mais os critérios para esse diagnóstico. O resultado positivo parece ser favorecido pelo envolvimento da criança em programas de intervenção adequados.

O diagnóstico de autismo deve ser formulado seguindo critérios internacionais. Entre os mais seguidos, estão os indicados pela Classificação Estatística Internacional de Doenças, décima edição (CID-10), publicada pela Organização Mundial da Saúde (OMS) ou pelo DSM-5, elaborado pela Associação Americana de Psiquiatria (APA, 2013). Para o DSM-5, o diagnóstico requer que haja prejuízo na interação social e na comunicação recíproca (critério A), um repertório restrito de interesses e atividades (critério B), início precoce (critério C) e, finalmente, que haja um impacto negativo de sintomas no funcionamento cotidiano (critério D). O DSM-5 usa a expressão *Autism spectrum disorder* – Transtorno do Espectro Autista, que simplesmente abreviaremos aqui com "autismo" ou TEA.

As pessoas que agora estão sendo diagnosticadas com Transtorno do Espectro Autista poderiam ter sido diagnosticadas de maneiras muito diferentes no passado. Os rótulos prováveis incluem: Autismo ou Psicose Infantil, Autismo Atípico, Autismo de Kanner, de alta funcionalidade ou precoce, ou Transtorno Desintegrativo da Infância ou síndrome de Asperger. A multiplicidade de termos utilizados no passado, como a introdução do termo "espectro", sublinha a grande variedade interindividual nas manifestações do autismo – variedade que, como veremos, não se esgota nas manifestações exteriores, fenotípicas, mas também se estende a possíveis causas, prognósticos, resultados e fatores de risco.

As competências sociais e comunicativas

Uma das manifestações fundamentais do autismo diz respeito à falta de interação social adequada à idade. O desenvolvimento social parece muito inadequado, seja com relação às capacidades que esperamos com base na idade cronológica, seja com relação àquelas que se poderiam esperar com base na idade mental, quer dizer, a idade indicada no desempenho dos testes de inteligência. As deficiências nas capacidades sociais impedem o desenvolvimento e a consolidação das amizades e de outras relações apropriadas com os coetâneos. Todavia, essa dificuldade não impede a formação de relações duráveis e intensas de apego com algumas pessoas, como, por exemplo, os pais. São frequentemente observadas anomalias nos comportamentos não verbais que regulam a interação social, como o uso do olhar para fins comunicativos, o contato visual anormal, a escassa gestualidade e o atraso no aparecimento de algumas funções comunicativas, como o gesto de apontar para mostrar um objeto e não para pegá-lo. São escassas ou raras as tentativas de compartilhar experiências, prazeres e interesses. Se a criança se machuca, ela não busca consolo, e se é outra pessoa que está machucada, como a mãe, por exemplo, ela não oferece consolo espontaneamente.

Muitos são os comportamentos não verbais que regulam a interação social, tais como, os olhares ou a distância que deixamos entre nós e o interlocutor. Todos sabem o quanto um olhar pode influenciar a interação, mostrando uma atitude agressiva, irônica ou interessada, e o quanto, muitas vezes, pode determinar a interpretação do que foi dito. As pessoas com autismo fazem uso escasso ou anômalo do olhar, prestam atenção a ele com menos frequência desde o segundo ano de vida. A distância proxêmica, ou seja, a distância entre os participantes de uma conversa, depende de vários fatores relacionados ao contexto comunicativo, cultural e pessoal, como por exemplo a familiaridade que temos com determinada pessoa, gênero e altura. Violações de restrições pragmáticas na distância proxêmica são frequentemente observadas no autismo. Os gestos também podem ser anômalos ou escassamente utilizados na interação.

A falta de relacionamentos adequados com os coetâneos aparece claramente na ausência de amizades e no isolamento social. O isolamento é buscado ativamente por algumas crianças, enquanto outras têm de renunciar depois de terem tentado, em vão, se enquadrar em grupos de seus pares. As crianças com autismo muitas vezes não prestam atenção às pessoas em uma sala e, embora conscientes de sua presença, mostram menos interesse por elas do que por objetos inertes. Há um desinteresse pela partilha de experiências, interesse que se manifesta espontaneamente no desenvolvimento típico já no segundo ano de vida, quando a criança olha para um objeto e depois, muitas vezes, aponta-o à mãe ou tenta chamar-lhe a atenção de outras formas, por exemplo, com vocalizações e olhares alternados.

Outra manifestação do autismo é uma redução na reciprocidade social e emocional. A reciprocidade, num sentido estrito, é a tendência espontânea de reagir positivamente diante de qualquer pessoa que tenha feito alguma coisa boa para nós, e negativamente contra alguém que nos tenha prejudicado. Na literatura sobre autismo, o termo é interpretado em um sentido mais amplo e são incluídas algumas habilidades de comunicação, os sentimentos de empatia e os vários comportamentos de apoio emocional que damos e recebemos das pessoas que nos são queridas. Na capacidade de avaliar e esperar reciprocidade nas interações estão, talvez, alguns dos fundamentos universais do sentido moral. A capacidade de reciprocidade social e emotiva se manifesta cedo no desenvolvimento típico: já no segundo ano de vida as crianças são capazes de procurar ativamente e proporcionar espontaneamente conforto. Uma criança de 2 anos procura espontaneamente consolar a mãe que se machucou com pequenas carícias, beijos e até mesmo oferecendo-lhe seu brinquedo ou jogo preferido. Esses comportamentos são raros ou não existem absolutamente na criança autista; ela não oferece consolo e tende a não procurar o consolo da mãe. Como o autismo é um distúrbio do desenvolvimento, suas manifestações são muito diferentes conforme a variação da idade do sujeito. Esta é a razão de certa imprecisão nos sintomas previstos pelos critérios diagnósticos.

A aquisição da linguagem

O autismo é caracterizado também por um persistente déficit de comunicação e cerca da metade das crianças com autismo apresenta também um atraso na aquisição da linguagem. Segundo a Associação dos Neurologistas Americanos, o atraso da linguagem nos primeiros anos de vida é um indicador muito importante para o *screening* [rastreio], isto é, na fase inicial do processo de identificação do autismo. O *screening* visa detectar as "campainhas de alarme", que justificam ulteriores investigações e exames de aprofundamento. As peculiaridades na produção e compreensão da linguagem, no entanto, não estão agora incluídas entre os sintomas do autismo, mas entre os possíveis distúrbios que encontramos associados a ele e que, portanto, merecem um diagnóstico apropriado. As dificuldades no uso da linguagem para fins comunicativos, na ausência de dificuldades acentuadas na esfera relacional, sugerem a presença de um distúrbio de comunicação social ou de pragmática. O atraso no desenvolvimento da linguagem, em algumas crianças, é totalmente recuperado e não está associado a nenhum distúrbio, como no caso de Albert Einstein, que começou a falar aos quatro anos. Nos indivíduos com autismo "de alto funcionamento" (do inglês *high functioning*) não existe atraso no desenvolvimento da sintaxe, da morfologia e de outros aspectos formais e estruturais da linguagem. Quando o atraso na linguagem está presente, diz respeito somente, de forma não homogênea, a seus vários aspectos: são mais afetados os componentes pragmáticos e conversacionais, e menos afetados a sintaxe, o léxico e a morfologia. O sujeito não manifesta tentativas de substituir o código linguístico oral com outros sistemas, como o gestual, tentativas que, entretanto, se observam nas crianças surdas.

Algumas crianças com autismo nunca iniciam uma conversa se não forem antes estimuladas ou "arrastadas" para tal atividade por alguém. Outras, com um autismo e uma deficiência intelectual menos acentuados, fazem tentativas que, todavia, parecem desajeitadas e inadequadas. Uma vez iniciada, a conversa pode rapidamente morrer porque a criança responde somente com monossílabos, não contribui de forma criativa para a troca com expansões do argumento e não demonstra nenhum interesse em continuar. É sabido que na população neurotípica existe uma grande variação entre os indivíduos quanto a essa capacidade: algumas pessoas são interlocutoras estimulantes e brilhantes; outras são tímidas, pedantes ou excessivamente focadas num assunto em particular. As pessoas com autismo parecem, em geral, posicionar-se no extremo desse *continuum* de habilidade pragmática.

O aspecto mais evidente de um uso estereotipado e repetitivo da linguagem é encontrado na ecolalia. A análise funcional do comportamento sugere que em alguns casos a ecolalia pode servir a algum objetivo comunicativo. Antes de inibi-la seria útil procurar compreender qual função ela satisfaz, no caso específico da criança para a qual se está programando uma intervenção. As peculiaridades da linguagem surgem também no uso de "palavras não convencionais", inventadas pela criança, e que quase ninguém entende. Uma menina americana com autismo, por exemplo, escreveu repetidamente, durante um período de sua vida, a palavra *gake* (pronunciada "gueike"), um termo que ninguém conhece. A menina um dia explicou que aquilo era o que "os aquecedores da casa diziam" quando, ao esquentar, produziam um ruído que ela achava muito irritante.

Os interesses, as brincadeiras e o desenvolvimento motor

A segunda área sintomática do autismo, segundo o DSM-5, diz respeito ao repertório de interesses e às atividades. Entre os aspectos que podem ser observados estão: os interesses estereotipados e muito restritos; a aderência inflexível a rotinas ou rituais disfuncionais; os maneirismos motores e os movimentos estereotipados; e o interesse intenso e persistente por partes de objetos.

As anomalias nos interesses estereotipados podem dizer respeito tanto ao seu âmbito, o qual resulta excessivamente restrito, quanto à intensidade dele. As discussões mais interessantes são muitas vezes insólitas e podem se referir a um tipo de informação que outras crianças não julgariam merecedora de um mínimo de atenção. Algumas crianças podem, por exemplo, se sentir fascinadas por listas telefônicas e outras publicações em ordem alfabética. O interesse pode concentrar-se em aparelhos complicados, mecânicos ou elétricos, em sistemas formais como algarismos e música, ou ainda nos difíceis sistemas de classificação como a taxonomia zoológica e botânica. Essa característica é uma das tantas manifestações que aproxima o autismo de outros transtornos como, por exemplo, o Transtorno Obsessivo-Compulsivo (TOC).

Desde a tese de doutorado de Asperger, foram feitas propostas para considerar esse aspecto comportamental e esses interesses muito concentrados e intensos como pontos fortes e de originalidade, ao invés de déficits. Desenvolvendo uma hipótese de Asperger, Simon Baron-Cohen, diretor do Autism Research Centre [Centro de Pesquisa de Autismo] em Cambridge [Inglaterra], propõe que no autismo são acentuados alguns traços psicológicos "masculinos". Muitas pesquisas neuropsicológicas demonstraram uma superioridade média das mulheres nas funções verbais e dos homens nas funções de orientação e de transformação "visuoespacial". As mulheres, além disso, são em média superiores aos homens em habilidades empáticas, enquanto os homens têm um desempenho médio superior na capacidade de identificar as regras que regem sistemas abstratos ou sistemas regidos por leis causais de tipo físico-mecânico. Voltaremos a esse ponto no terceiro capítulo. Por ora basta salientar que esta última habilidade, chamada também de "capacidade de sistematização", pode tirar vantagem exatamente da tendência de se concentrar espontaneamente nos detalhes e sobre interesses muito restritos.

A aderência inflexível a rotinas ou rituais se manifesta com reações de mal-estar e de ansiedade a mudanças imprevistas no ambiente, na disposição de móveis numa sala, no local e na ordem em que se desenvolvem atividades, nos percursos seguidos para se chegar a determinado local etc. A criança com autismo geralmente aprecia que as atividades cotidianas sigam uma rotina familiar, aumentando assim a previsibilidade dos acontecimentos, e é capaz de sentir verdadeiro prazer na repetição de atos simples e percursos familiares. A insistência em seguir essas rotinas pode em muitos casos se tornar um obstáculo para o desenvolvimento e a adaptação porque impedem que a criança experimente novas situações de aprendizagem, marginalizando-a socialmente e ocupando-a por longos períodos de tempo em atividades improdutivas. As rotinas, porém, assumem uma função calmante fundamental pela qual, às vezes, ao invés de ser um obstáculo ao seu desenvolvimento, constituem-se uma facilitação importante. Muitos programas de intervenção (como se verá no quarto capítulo) tendem a aproveitar essas rotinas para fins educacionais em vez de eliminá-las.

Muitas crianças com autismo têm dificuldades de imitação e falta ou atraso severo nas brincadeiras de faz de conta. A ausência de brincadeiras de faz de conta no segundo ano de vida é uma das primeiras manifestações claras do autismo e, portanto, um dos elementos a serem observados para orientação no diagnóstico precoce. Se uma criança não desenvolveu brincadeiras de faz de conta e outras habilidades típicas de um tipo mais claramente comunicativo no segundo ano de vida, a probabilidade de desenvolver autismo é muito alta. Também retornaremos às brincadeiras de faz de conta e às atividades comunicativas iniciais no terceiro capítulo, porque seus fundamentos psicológicos nos fornecem a chave para entender melhor a origem das dificuldades na interação social.

Para entender o conceito de interesse intenso e persistente por partes de objetos, imagine dar um caminhão de brinquedo a uma criança de 3 ou 4 anos com desenvolvimento típico. A criança, com toda a probabilidade, irá se dedicar a um jogo de fantasia, fingirá dirigir o caminhão ou utilizá-lo para construir um edifício ou transportar mercadorias e assim por diante. A criança com autismo de igual idade mental poderia exibir um comportamento muito diferente, virando o caminhão e dedicando-se longamente a observar algumas partes do objeto, como, por exemplo, as rodas e seu movimento circular quando são impulsionadas. Alguns indivíduos contam que se sentem atraídos pelas pequenas etiquetas numéricas que são afixadas nas lanternas a fim de identificá-las, um pequeno detalhe que muitos nunca notaram em toda sua vida. Nos casos de autismo, também na observação dos estímulos sociais, como, por exemplo, do semblante, a atenção parece ir para os detalhes em vez da configuração de conjunto.

Os maneirismos motores e os movimentos estereotipados são movimentos e ações simples e repetitivos cuja função é frequentemente obscura. Entre os mais fáceis e típicos de identificar estão o "borboletear", muitas vezes feito elevando as mãos e levando-as lateralmente para perto da cabeça ou dos ombros, e contrações anômalas dos músculos faciais. Esses comportamentos se manifestam com mais frequência em situações de estresse e dificuldade.

Diagnóstico diferencial, comorbidades, trajetórias evolutivas

O DSM-5 prevê que o diagnóstico de autismo seja incompatível com os de alguns transtornos ou distúrbios, como, por exemplo, a síndrome de Rett, uma doença neurológica que ataca somente as meninas e é associada à microcefalia. Alguns distúrbios evolutivos, o Transtorno do Déficit de Atenção com Hiperatividade (TDAH) ou distúrbios ligados a anomalias cromossômicas, como a síndrome de Down, por sua vez, podem ser diagnosticados junto com o autismo.

Cerca de 30-40% das pessoas com autismo também têm TDAH, 15-30% têm transtornos de tiques e quase 80% têm anormalidades no desenvolvimento motor. A maioria das pessoas com autismo também tem outro tipo de transtorno psiquiátrico, como ansiedade ou depressão. Ao longo da vida de uma pessoa com autismo, as manifestações sintomáticas variam acentuadamente em tipo e intensidade. Estudos de acompanhamento de grupos de pessoas com autismo desde a infância até a idade adulta encontraram uma grande variedade de trajetórias de desenvolvimento. Uma minoria apresenta agravamentos, que conduzem a uma exacerbação das manifestações autistas, enquanto na maioria dos casos se registram melhorias, com atenuação, sobretudo, das manifestações obsessivas e de repetição, ou uma situação sintomática estável. Em uma pequena porcentagem, as mudanças e melhorias são suficientes para justificar uma mudança no diagnóstico. Crianças e adultos com autismo podem ser examinados com testes que avaliam objetivamente suas habilidades intelectuais e sociais. As pesquisas até a década de 1990 indicavam que cerca de metade das pessoas com Transtornos do Espectro Autista tinham bom desempenho em testes comumente usados para estimar o QI; o diagnóstico de autismo, portanto, não implicava necessariamente a presença de limitações cognitivas generalizadas. Em muitos casos, não só o QI da pessoa com autismo é normal, mas também uma em cada dez tem algumas habilidades específicas desenvolvidas de forma excepcional, muito além dos valores médios. Estas competências ou talentos, sempre que possível, devem ser valorizadas porque podem ser de grande ajuda na futura integração social e profissional. A combinação incomum de graves dificuldades em algumas áreas de funcionamento e desenvolvimento adequado em outras ajudou a alimentar o interesse científico pelo autismo, o que se provou uma janela inestimável para a natureza da mente humana e seu desenvolvimento.

Ao longo do século passado, muitos estudos relataram um perfil de QI típico do autismo, no qual o desempenho em algumas tarefas verbais sobre formação de conceitos e habilidades de abstração era baixo em comparação com a norma, enquanto alguns testes não verbais, como o teste do cubo, mostravam-se dentro da norma ou mesmo acima dos valores médios. Vários estudos realizados nas últimas duas décadas em grandes amostras não replicaram o resultado e enfraqueceram a ideia de que o autismo está associado a um perfil específico nos testes de QI. Embora essas descobertas tornem o perfil de QI pouco interessante para fins de diagnóstico, seria um erro concluir que o teste de QI, de modo geral, perdeu sua utilidade clínica. De fato, é confirmado por muitas pesquisas que o QI na infância tem um alto valor prognóstico. Além disso, o QI fornece informações importantes para o planejamento adequado de intervenções psicoeducativas.

Como se chega ao diagnóstico

O diagnóstico do autismo deve ser formulado por um médico especialista (um psicólogo, um psiquiatra ou um neuropsiquiatra infantil). Exatamente por ser competente nos aspectos clínicos e de diagnósticos relativos aos distúrbios mentais, esse profissional normalmente usa os critérios acordados internacionalmente, como aqueles indicados pelo DSM-5. Ainda que às vezes sejam utilizados critérios e classificações que se distanciam em parte do DSM-5 ou do CID-10, a adoção de critérios internacionais é preferível porque garante uma melhor comunicação entre cientistas e médicos e permite se referir com pertinência aos resultados alcançados nos estudos experimentais e epidemiológicos. Por essa razão, recorrer a um sistema de diagnóstico alternativo implica graves desvantagens e bem poucas vantagens. Isso não significa que os critérios internacionais sejam perfeitos; ao contrário, certamente possuem limites que se espera venham a ser superados graças a pesquisas futuras. A aplicação desses critérios ainda é estritamente dependente da experiência e da sensibilidade do neuropsiquiatra e do psicólogo clínico. Não existem testes padronizados para diagnosticar o autismo, mas existem muitos instrumentos preciosos para melhorar o processo diagnóstico e avaliativo.

O screening *do autismo*

Embora muitos autores acreditem que o autismo já esteja presente no nascimento, ainda não é possível identificá-lo no primeiro ano de vida e a maior parte das crianças recebe o diagnóstico após os 2 anos. O DSM-5 requer que as anomalias comportamentais apareçam nos primeiros três anos, mas essas manifestações precoces geralmente são relembradas pelos pais e não observadas diretamente pelo médico. Os numerosos esforços de pesquisa recentes tornaram o diagnóstico precoce mais fácil e agora não são raras as crianças que o recebem já no segundo ano de vida.

Os principais instrumentos à disposição do médico para o diagnóstico do autismo são, além do conhecimento dos critérios e da sua experiência com crianças com desenvolvimento típico e atípico, a observação direta da criança e as informações obtidas dos adultos que cuidam dela, particularmente os pais, por meio de entrevistas semiestruturadas, como a Entrevista de Diagnóstico de Autismo Revista (do inglês *Autism Diagnostic Interview-Revised* – ADI-R). Muito frequentemente são justamente os pais ou familiares, os professores da Educação Infantil ou o pediatra a terem as primeiras suspeitas de um desenvolvimento anômalo, as quais, em seguida, levam a uma avaliação diagnóstica.

Num primeiro momento, mais que formular um diagnóstico específico, tenta-se entender se as suspeitas têm fundamento ou se estamos somente diante de variações evolutivas normotípicas. Nessa fase, que é chamada de fase de *screening* [rastreio], podem ser muito úteis alguns instrumentos rápidos e de fácil administração que foram recentemente experimentados em pesquisas rigorosas. Um bom instrumento de *screening* deve demonstrar tanto uma alta especificidade quanto uma alta sensibilidade. A especificidade está ligada à frequência de falsos positivos (quanto maior o número de casos examinados em que o instrumento sinaliza erroneamente a presença de um problema ou distúrbio); a sensibilidade está ligada a falsos negativos (é alta se forem poucos casos em que o instrumento indica erroneamente a ausência de problemas).

Entre os primeiros instrumentos de *screening* para o autismo encontramos o *Check-list for Autism in Todlers* (CHAT) – questionário para avaliar a presença de sinais de autismo em crianças de 18 a 24 meses –, um breve guia para a observação da criança e sua avaliação. Eis alguns exemplos de perguntas que são feitas aos pais: "A criança se diverte brincando de 'esconde-esconde'? Já a viram brincar de 'faz de conta', como, por exemplo, fazer de conta que enche ou bebe de um copo de brinquedo vazio? Já usou alguma vez o dedo indicador para indicar e pedir qualquer coisa?". O médico, por sua vez, é convidado a se perguntar, por exemplo: "Durante a consulta médica a criança o olhou nos olhos alguma vez?".

Os estudos conduzidos com o CHAT sugerem que a ausência de alguns comportamentos aos 18 meses de idade, como olhar alternadamente um objeto e o interlocutor (atenção dividida), indicar um objeto sem intenção de obtê-lo ("indicação protodeclaratória") e o jogo de faz de conta, possuem um alto valor no diagnóstico. Entretanto a avaliação diagnóstica não pode fundamentar-se somente nesses indicadores, porque isso levaria a muitos falsos negativos (baixa sensibilidade). Somente um terço das crianças com autismo é identificado pelo CHAT. Felizmente o risco oposto, isto é, diagnosticar erroneamente que um indivíduo é autista, é muito baixo (cerca de 2%). A versão melhorada do CHAT, chamada M-CHAT, demonstrou possuir alta especificidade e alta sensibilidade.

O CHAT é aconselhado como instrumento de *screening* especialmente quando os pais observaram anomalias na interação social e no desenvolvimento comunicativo. A Child Neurology Society [Sociedade de Neurologia Infantil] dos Estados Unidos aconselha seu uso se aos 12 meses de idade ainda não surgiram as lalações [gritinhos e brincadeiras com a voz] e os gestos de indicação; se aos 16 meses a criança não produz nem ao menos uma palavra; se aos 24 meses ainda não existem as primeiras combinações de duas palavras ou, ainda, se houve uma regressão na linguagem e nas capacidades sociais. Existem ainda instrumentos para o *screening* adaptados às crianças maiores, em idade pré-escolar e escolar. Um exemplo é o Children's Communication Checklist-2 (CCC-2). O CCC-2, originalmente inventado para a avaliação de habilidades de comunicação, também apresenta bons valores de especificidade e de sensibilidade quando usado como ferramenta de *screening* para autismo.

Os melhores instrumentos para o diagnóstico de autismo

O diagnóstico se vale principalmente das informações obtidas dos familiares ou cuidadores e da observação da criança. É preferível, quando possível, que as informações fornecidas pelos familiares sejam colhidas utilizando-se a Entrevista de Diagnóstico de Autismo Revista (ADI-R), e que a observação seja orientada por um instrumento adequado, como, por exemplo, o Protocolo de Observação para o Diagnóstico de Autismo (do inglês *Autism Diagnostic Observation Schedule* – ADOS). Infelizmente a formação necessária para usar esses instrumentos é cara e por isso nem todas as clínicas são equipadas para utilizá-los e, segundo alguns estudiosos, a utilização deles é excessivamente onerosa em termos de tempo, em comparação com as vantagens que podem oferecer. Apesar das limitações, essas ferramentas são altamente recomendadas, pois garantem uma alta concordância entre os clínicos e permitem uma avaliação quantitativa que pode ser inestimável em exames de acompanhamento destinados a monitorar o curso evolutivo.

Alguns números

Em sessenta anos, os valores de prevalência de autismo cresceram exponencialmente. Uma meta-análise [técnica estatística que integra os resultados de dois ou mais estudos independentes, sobre uma mesma questão de pesquisa, combinando, em uma medida resumo, os resultados de tais estudos] de 61 investigações epidemiológicas, realizadas de 2000 a 2017, relata um valor médio de 69 casos em 10.000. Se considerarmos apenas as pesquisas mais recentes, chegamos a uma prevalência muito próxima de 1%. Até trinta anos atrás, o autismo era considerado uma condição rara: o primeiro levantamento epidemiológico, publicado em 1966, encontrou apenas 4 casos em 10.000. Como se pode explicar uma mudança tão dramática de prevalência? Até o momento não está claro se é possível explicar tal fenômeno, nem mesmo se sabe se é um aumento real ou apenas aparente. De fato, ainda não é possível excluir com certeza que a variação nas estimativas de incidência relatadas em diferentes estudos se deva principalmente, ou apenas, a mudanças nos critérios adotados e melhorias nas políticas diagnósticas.

Vários estudos realizados nos Estados Unidos descobriram que o autismo é significativamente menos comum em crianças pertencentes a minorias étnicas, como os hispânicos, do que em membros da população "branca" (que nos Estados Unidos inclui "caucasianos", "médio-orientais" e "norte-africanos"). No entanto, a origem desse vínculo com o pertencimento étnico não é clara. É possível que o efeito seja em grande parte atribuído a diferenças na facilidade de acesso aos serviços de assistência social e de saúde. A mesma afirmação pode ser estendida aos vários estudos que encontraram uma ligação com o alto nível socioeconômico. Um estudo em inglês também descobriu que, na amostra estudada, o autismo era mais frequente em crianças da Ásia e da América Central. Também a interpretação desses resultados é, porém, muito difícil.

O autismo é muito mais frequente em homens do que em mulheres. Uma meta-análise recente de estudos sobre a proporção homens:mulheres concluiu que três quartos das pessoas com autismo são do sexo masculino. No entanto, alguns estudos levantam a hipótese de que o desequilíbrio real é menor porque, em parte, os números relatados se devem a uma tendência dos avaliadores em não formular o diagnóstico de autismo para o sexo feminino, principalmente quando se trata de pessoas com QI normal. A maior frequência de homens com autismo em comparação com as mulheres, no entanto, não é contestada. Este é um dado que, como veremos melhor no próximo capítulo, é consistente com as explicações que sublinham o papel das predisposições biológicas.

CAPÍTULO 2
As explicações biológicas

O primeiro a teorizar que o órgão da percepção e do pensamento fosse o cérebro provavelmente foi Alcméon, um médico discípulo de Pitágoras, que viveu em Crotona há cerca de 2.400 anos. Depois dele, durante quase dois mil anos, nosso conhecimento do cérebro permaneceu estagnado. Depois, foi enriquecido por muitas informações anatômicas no Renascimento e só recentemente, graças às pesquisas das neurociências e da neurobiologia, deu um grande salto avante. Os progressos realizados no último século são estimulantes, mas ainda não podemos dizer que construímos uma "ponte" sólida entre mente e matéria, uma ligação clara e satisfatória entre o que sabemos sobre o cérebro e o que sabemos sobre o pensamento, sobre os processos psicológicos e seu desenvolvimento. Em particular, ainda sabemos relativamente pouco sobre o complicado processo de interação entre os genes e o ambiente que permite a passagem, durante a ontogênese de cada indivíduo, de um único óvulo a um indivíduo adulto com todas as características físicas e mentais que lhe permitem viver uma existência autônoma e relacional.

As explicações biológicas do autismo foram formuladas conjecturando peculiaridades em vários níveis. Estão agora disponíveis muitos dados sobre os mecanismos neurobiológicos que regulam a transmissão dos impulsos nervosos, sobre a organização das células nervosas, sobre o tamanho global do cérebro, sobre a ativação seletiva de algumas áreas corticais e subcorticais e sobre a conectividade entre diferentes estruturas cerebrais. A pesquisa biológica também estudou o papel dos fatores hormonais e dos processos químicos que influenciam o desenvolvimento embrionário, como, por exemplo, os ligados à ingestão de determinados medicamentos ou a algumas doenças virais contraídas pela mãe durante a gravidez. E, claro, foram estudadas as bases genéticas do autismo. Compreender bem todas essas explicações requer o uso de várias noções, competências e termos especializados e, portanto, certo esforço é certamente necessário a não especialistas. Mas vale a pena: permitirá apreciar as descobertas e os progressos alcançados em cinquenta anos de intensa pesquisa sobre as raízes biológicas do autismo. Vamos começar lembrando rapidamente alguns princípios básicos úteis.

Como é o cérebro e como é estudado

Um cérebro humano adulto pesa, em geral, cerca de 1.400 gramas. Também há dados disponíveis sobre peso e volume médios de suas diversas estruturas em vários momentos do desenvolvimento. Uma técnica de investigação tradicional para estudar o cérebro envolve medir seu peso, volume e área de superfície. A detecção de diferenças ou anomalias nas estruturas cerebrais geralmente exige o uso de aparelhos sofisticados que permitem a formação de neuroimagens. Essas técnicas permitem evidenciar tanto anomalias estruturais, relacionadas com o tamanho ou a densidade de determinado componente ou área do cérebro, como anomalias funcionais, ou seja, relativas ao recrutamento de uma área para servir a uma função mental específica. Isso permite avaliar até que ponto a dificuldade em algumas funções mentais está ligada ao funcionamento atípico de certas estruturas cerebrais.

Entre as técnicas de neuroimagem mais usadas temos a Tomografia por Emissão de Pósitrons (PET), a Tomografia Axial Computadorizada (TAC), a Ressonância Magnética (RM), a Ressonância Magnética Funcional (RMF), a Imagem

Estrutural e a Espectroscopia de Infravermelho Próximo (NIRS). Essas técnicas de investigação têm contribuído muito para os conhecimentos sobre o funcionamento do cérebro, às vezes confirmando ou levando a uma revisão das hipóteses previamente formuladas com base em dados obtidos a partir da observação do comportamento de pacientes com lesões cerebrais. Um terceiro tipo de técnicas baseia-se em análises realizadas com um microscópio óptico ou eletrônico ou com outros instrumentos adequados ao exame das células e seus componentes.

Os principais "atores" do cérebro são os neurônios, células dotadas de uma capacidade especial: a transmissão da excitação. Um neurônio é formado por um corpo principal que contém o núcleo, ramificações complexas chamadas *dendritos* e um "ramo" muito mais longo que os demais, chamado *axônio*, em cujo ápice existem outras ramificações. O axônio é revestido de uma bainha que o faz parecer um cordão de salsichas. Esse revestimento, chamado de *bainha de mielina*, desempenha um papel fundamental na aceleração da transmissão dos impulsos e na proteção da transmissão contra interferências. As ramificações terminais do axônio se conectam aos dendritos de outros neurônios em pontos chamados *sinapses* ou *conexões sinápticas*. O impulso nervoso, um fenômeno de natureza elétrica, se propaga de um neurônio ao outro por meio de trocas químicas que ocorrem nas sinapses e que são reguladas por substâncias chamadas *neurotransmissores*, como a dopamina e a serotonina. As análises ao microscópio nos ajudam a descobrir se existem anomalias na formação dos vários componentes dos neurônios, em sua organização e no funcionamento das sinapses.

Vamos agora dar uma olhada nas principais partes que compõem o encéfalo, a parte do sistema nervoso central que está contida na caixa craniana. O encéfalo humano é formado por três estruturas principais: o tronco encefálico, na parte inferior, o cerebelo, localizado imediatamente acima do tronco encefálico, e o cérebro que, por sua vez, se divide em telencéfalo e diencéfalo.

O córtex cerebral é a parte mais externa, aquela que normalmente vemos nos desenhos e nas fotografias. O córtex é também a parte filogeneticamente mais recente do cérebro, ou seja, aquela que apareceu mais tarde na evolução da espécie: é muito reduzida ou ausente nos animais que surgiram na Terra antes dos mamíferos, e é muito desenvolvida no *homo sapiens* e nos primatas não humanos. O córtex é como uma folha dobrada várias vezes sobre si mesma e amassada. Se fosse esticada, ocuparia mais ou menos a área de uma página de jornal. Observado de uma perspectiva lateral, o cérebro humano se assemelha vagamente a uma luva de boxe. A parte posterior, que corresponde aproximadamente à nuca, é ocupada pelos lobos occipitais. Na parte oposta, a zona anterior, correspondente à parte alta da fronte, encontram-se os lobos frontais. A zona lateral, aquela sob as têmporas, é ocupada pelos lobos temporais, e, finalmente, a parte superior corresponde aos lobos parietais.

Vejamos agora alguns resultados importantes obtidos em estudos sobre o cérebro de pessoas com autismo.

Diferenças na dimensão do cérebro

Uma primeira pergunta que podemos fazer é se o cérebro das pessoas com autismo é diferente em seu tamanho geral e no tamanho, absoluto ou relativo, de cada um de seus elementos. Existem dados claros que indicam uma associação positiva entre o autismo e a dimensão do cérebro: as pessoas com autismo tendem a ter cérebros ligeiramente maiores. As dimensões maiores da cabeça das crianças com autismo já tinham sido observadas por

Kanner, mas o fenômeno foi ignorado por muitos anos e só começou a receber mais atenção após a introdução das técnicas de neuroimagem, que possibilitaram descobrir diferenças também no tamanho de estruturas específicas, como a amígdala. Uma descoberta relatada em vários estudos sobre autismo é o crescimento cerebral acima da média entre os seis e os vinte e quatro meses de vida. Esse fenômeno é mais frequentemente observado em crianças que apresentam uma regressão do desenvolvimento, ou seja, a perda de algumas habilidades linguísticas e comunicativas.

A que se pode atribuir essa diferença? A primeira explicação que pode vir à mente é a de que existem mais neurônios no cérebro autista do que no cérebro típico. Mas essa explicação é pouco plausível, porque as diferenças significativas na dimensão do cérebro não são encontradas no nascimento, são mais acentuadas em torno dos 3-4 anos de idade, e depois se atenuam na adolescência. Dado que os neurônios se reproduzem somente no período pré-natal, as diferenças gerais nas dimensões do encéfalo não são atribuíveis, principalmente, a um maior número de neurônios. Ao contrário, estudos histológicos relataram um número reduzido de neurônios na amígdala, no cerebelo e em uma área específica do córtex, o giro fusiforme, que desempenha um papel central na percepção e no reconhecimento das expressões faciais. A explicação do tamanho diferente do cérebro pode estar ligada, em parte, a diferenças no número de neurônios e, em parte, aos processos de crescimento, diferenciação morfológica e seleção de neurônios e, talvez, também de outras células importantes presentes no cérebro, por exemplo, aquelas envolvidas na formação das bainhas de mielina. Tentemos entender quais, entre os processos de desenvolvimento neural, podem ser os responsáveis pelas diferenças nas dimensões cerebrais.

Um primeiro processo é o da formação de novas dendrites e novas conexões sinápticas, um processo que se inicia muito precocemente, já na fase pré-natal, e que continua por toda a vida. Uma possibilidade seria que no cérebro autista existam mais dendrites e sinapses porque se formam em número maior do que no cérebro neurotípico. Uma segunda possibilidade diz respeito à seleção das sinapses e das dendrites, um processo também chamado de *pruning*, ou seja, "poda". De fato, o desenvolvimento neural não implica somente a formação de novas ligações entre os neurônios, mas também a perda seletiva de ligações que se tornam inúteis, ou até danosas, para o desenvolvimento de determinadas funções mentais. O cérebro nas pessoas com autismo poderia ter mais dendrites do que o normal, não porque se formam em maior número, mas por um processo insuficiente de *pruning*. Finalmente, poderia existir uma diferença na regulação do processo normal de "morte neural", isto é, a perda programada de neurônios. A compreensão total desses processos deverá especificar as cadeias causais, a partir da expressão de alguns genes, e identificar os fatores químicos cruciais.

Que relação existe entre a dimensão do cérebro e as funções mentais no autismo?

A dimensão do cérebro ou da cabeça não se correlaciona com a gravidade dos sintomas autistas, mas Helen Tager-Flusberg e Robert Joseph descobriram que entre as pessoas com autismo os perfis em tarefas que medem o QI, também chamadas de "testes de inteligência", estão relacionados especialmente ao tamanho do encéfalo e da cabeça. Cerca de 14% dos sujeitos examinados apresentava macrocefalia, uma incidência que já surgira em estudos anteriores. Em outros 33% dos casos, a dimensão encefálica não justificava o termo "macrocefalia", mas era superior aos 90 porcentuais (isto é, maior do que as dimensões observadas em 90% da população). A dimensão encefálica não era associada nem à idade nem ao QI, mas era associada positivamente à discrepância entre inteligência verbal e não verbal.

Tradicionalmente, o perfil característico das capacidades e desempenhos das crianças com autismo foi interpretado como a manifestação de funções e competências seletivamente danificadas (por exemplo, as competências sociais e comunicativas) presentes junto a funções relativamente intactas (por exemplo, as funções visuoespaciais). Mais recentemente, firmou-se uma concepção diversa que vê estas últimas como resultado não tanto de um funcionamento típico e mais como o sucesso de uma reorganização funcional radical que acontece no curso do desenvolvimento e que conduz a uma elaboração das informações diferente do desenvolvimento típico. Os bons desempenhos observados no comportamento podem, porém, ocultar uma elaboração diversa daquela colocada em prática pelas crianças com desenvolvimento típico.

Peculiaridade das diversas estruturas e na conectividade

As técnicas de neuroimagem e os exames executados ao microscópio levaram à descoberta de uma multiplicidade de anomalias em diversas estruturas neurais. Um dos desafios atuais para a pesquisa é esclarecer se, e de que modo, essas diferenças neurobiológicas estão ligadas, por um lado, à base genética e, por outro, às características comportamentais e cognitivas típicas do autismo. Por meio das análises de PET, TAC e RM, foram registradas anomalias no volume de muitas áreas, na densidade das células cerebrais e em sua organização. Surgiram ainda anomalias no fluxo sanguíneo que irriga algumas áreas corticais durante tarefas cognitivas particulares. Tentemos entender onde se concentram essas diferenças e como podem se relacionar com as características comportamentais cognitivas. A discussão aqui necessariamente tocará também em alguns problemas de natureza psicológica, que serão ulteriormente aprofundados no próximo capítulo.

O córtex cerebral

O córtex cerebral, a parte mais externa do cérebro, desenvolve um papel importantíssimo na integração das informações que provêm dos vários órgãos dos sentidos. Algumas de suas partes são especializadas na recepção de sinais provenientes somente de algumas modalidades sensoriais, outras na integração intermodal, outras ainda no controle das funções cognitivas e do planejamento das ações. O método preferido para investigar as bases neurais de um distúrbio mental, antes da invenção das técnicas de neuroimagem, era o das funções sensíveis ao mau funcionamento de uma estrutura particular. Adotando este método, Geraldine Dawson e seus colaboradores obtiveram dados que sugerem anomalias corticais no autismo no lobo temporal medial e no córtex pré-frontal, mas não nas estruturas dorsolaterais.

As peculiaridades nos *lobos frontais* também apareceram usando várias técnicas, de exames histológicos de ressonância magnética funcional. Um estudo com crianças pequenas com autismo registrou um número significativamente mais alto de neurônios no córtex pré-frontal das crianças com autismo do que no grupo de controle neurotípico. Outros estudos registraram uma correlação negativa entre as dimensões dos lobos frontais e as do cerebelo. Funções importantes de monitoramento e controle da atenção são normalmente desenvolvidas tanto pelo córtex frontal quanto pelo cerebelo, e a presença de anomalias em ambos poderia impedir que uma atenuação no funcionamento de uma estrutura seja compensada pela atividade da outra. As diferenças observadas nos lobos frontais são associadas a várias dificuldades cognitivas, que ilustraremos no próximo capítulo. Elas podem estar na origem de muitos sintomas autistas, como a resistência a mudanças e a rigidez comportamental, o repertório restrito de atividades e alguns problemas nas relações sociais e na conversação.

Estudos recentes investigaram a organização das células neurais no córtex frontal e temporal de um grupo de pessoas com autismo. Tais células se dispõem em "colunas" que transportam os sinais dos extratos mais superficiais aos extratos mais profundos e vice-versa, e do córtex para estruturas subcorticais do diencéfalo. Essas colunas nos cérebros autistas se mostraram mais sutis, uma característica a que pode corresponder um maior "ruído neural", isto é, uma interferência indesejada dos sinais neurais que provêm das células e dos circuitos limítrofes.

No autismo foi registrado um fluxo sanguíneo reduzido nos *lobos temporais*. Essa redução no aporte de sangue e, portanto, de oxigênio foi observada também na ausência de atividades cognitivas particulares. Várias pesquisas indicam um papel primário dos lobos temporais na elaboração de informações que dizem respeito aos objetos, suas partes e sua configuração total. É, pois, plausível que o foco sobre as partes de alguns objetos possa derivar dessas anomalias corticais. Até agora, porém, tais anomalias foram documentadas em pacientes com funcionamento inferior, ou seja, com deficiência intelectual médio-grave, enquanto as peculiaridades da atenção aos detalhes foram estudadas principalmente nos sujeitos com funcionamento superior. Outra possibilidade está relacionada a diferenças de conectividade que discutiremos em breve.

Para investigar empiricamente a relação entre anomalias vasculares nos lobos temporais e características peculiares na elaboração dos objetos, será indispensável imaginar técnicas adaptadas para avaliar tais funções mentais também nos pacientes com deficiência intelectual média ou grave. Além disso, é possível que a potencialidade de atenção aos detalhes ou a atenuação da elaboração de informações contextuais e configuracionais não resultem tanto de uma disfunção nos lobos temporais, e mais da diferença em outras zonas corticais, como, por exemplo, as parietais, também elas envolvidas em tais processos. O peso relativo destas ou daquelas zonas corticais depende, em boa medida, de quanto as diferenças na elaboração global-local (a configuração-detalhes) são derivadas das peculiaridades nos processos *bottom-up* [processos de análise e comportamento de informações realizados "ascendentes", ou seja, que analisam e descrevem os elementos mais básicos para formar um resultado maior] guiados predominantemente pelos estímulos externos e de natureza mais automática, ou nos processos *top-down* [processos "descendentes", que implicam em dividir o todo em partes, para tornar a compreensão mais fácil de ser realizada], mais profundos, guiados voluntariamente e influenciados por conhecimentos semânticos, expectativas ou intenções da pessoa mais do que pelos estímulos externos. Um papel central parece ser desempenhado pelas conexões entre os lobos frontal e parietal.

Vários estudos de fluxo sanguíneo cortical documentaram diferenças entre grupos clínicos compostos por pessoas com autismo e grupos de controle compostos por pessoas neurotípicas afetando o *sulco temporal superior* em ambos os hemisférios. Essa área é de importância central na formação e elaboração de representações mentais relativas a intenções e outros estados mentais. Em suma, vários resultados parecem revelar que o sulco temporal superior está envolvido principalmente na compreensão de ações realizadas por outras pessoas e por si mesmo. Seu mau funcionamento pode, portanto, ser a base neural de muitas dificuldades sociais, cognitivas e comunicativas.

Numerosas pesquisas levantaram a hipótese de que esses problemas podem ser atribuídos a uma hipoativação do sistema formado por *neurônios-espelho*, ou seja, os neurônios – descobertos por Giacomo Rizzolatti e seus colaboradores – que são ativados quando um sujeito realiza uma ação e quando observa a mesma ação realizada por outra pessoa. Alguns estudos obtiveram dados consistentes com essa hipótese, enquanto outros encontraram resultados contrários e ainda não está claro se, e até que ponto, o autismo pode ser explicado por uma disfunção dos neurônios-espelho.

Outra área do lobo temporal que parece crucial na compreensão do autismo é o *giro fusiforme*. Seu papel central na elaboração dos semblantes é conhecido há anos e mais recentemente foram relatados dados que indicam seu envolvimento na elaboração de inferências dos estados mentais. Vários estudos mostraram uma hipoativação do giro fusiforme nas pessoas com autismo.

A amígdala

É uma pequena estrutura em forma de amêndoa posicionada sob a seção medial anterior dos lobos temporais. Existem várias investigações e hipóteses sobre sua relação com o autismo, porque há tempos ficou demonstrada sua importância no reconhecimento das emoções e na interação social. Algumas afinidades comportamentais entre pessoas com lesões cerebrais e autistas sugerem que a amígdala seja uma das estruturas mais atingidas no autismo. A hipótese de um mau funcionamento da amígdala recebeu confirmação nas pesquisas conduzidas com ressonância magnética funcional, em que se pedia para reconhecer o sexo de alguns semblantes. Esses semblantes apresentavam fortes expressões emotivas, que vinham espontaneamente elaboradas pelos indivíduos de controle, os quais mostravam uma ativação seletiva da amígdala. Tal ativação era muito inferior nas pessoas com autismo. Se, porém, pedia-se explicitamente para reconhecerem as emoções, não existiam diferenças entre os grupos. As peculiaridades do envolvimento da amígdala surgem, então, quando não há uma pesquisa consciente das informações que dizem respeito às expressões emotivas e quando o sistema cognitivo está orientado para outros sinais informativos, como, por exemplo, as características do semblante que permitem determinar o sexo da pessoa. Esse resultado está em estreita relação com as anomalias da atenção seletiva que discutiremos no próximo capítulo. Em um estudo experimental conduzido com macacos foi demonstrado que a destruição da amígdala no nascimento gera várias dificuldades de comportamento social e motor que se assemelham a alguns dos traços autistas, entre os quais, encontramos o escasso contato visual, o isolamento social e as estereotipias motoras. No entanto, esses sintomas não apareceram nos macacos em um estudo subsequente no qual foram criados em contato com outros membros da mesma espécie, em vez de separados, em gaiolas individuais, após a lesão.

Alguns estudos com pessoas com autismo registraram uma hipoativação da amígdala durante a execução de funções de atribuição de estados mentais. Análises posteriores com ressonância magnética ou ao microscópio registraram também anomalias estruturais da amígdala que podem ser a base orgânica das dificuldades no reconhecimento das emoções faciais e na compreensão dos estados mentais. Entre essas peculiaridades estavam a redução da dimensão e da quantidade de dendrites, e da densidade e do tamanho dos neurônios.

O cerebelo

O cerebelo é uma grande estrutura que se encontra sob o córtex cerebral, na parte posterior do cérebro. Por muito tempo acreditou-se que as funções do cerebelo fossem prevalentemente relacionadas ao controle motor. Hoje sabemos que o cerebelo desenvolve também um papel importante em alguns processos cognitivos, como a regulação da atenção e a capacidade de integração sensorial, isto é, a integração de informações provenientes de canais sensoriais diversos. Por isso cogitou-se que o autismo estivesse associado a um mau funcionamento dessa estrutura. Um dado comportamental em harmonia com essa hipótese é a presença frequente de escassa coordenação motora e deambulação desajeitada ou estranha. Os dados obtidos com a técnica da ressonância magnética identificaram zonas específicas do cerebelo em que as pessoas com autismo diferem dos sujeitos neurotípicos dos grupos de controle. Estudos ao microscópio revelaram um número reduzido de neurônios, um sinal que faz pensar em uma persistente inflamação neural. O cerebelo, porém, apresenta dimensões de conjunto maiores quando comparado com os da população não autista e está de acordo com o tamanho geral do encéfalo. Algumas estruturas específicas que compõem o cerebelo, os lobos VI e VII, apresentam, segundo alguns estudos, um crescimento incompleto. Outros estudos, todavia, não encontraram essas anomalias. As diferenças significativas no cerebelo foram encontradas mais frequentemente em pessoas com autismo que apresentam deficiência intelectual do que nas pessoas autistas de alto funcionamento.

Outras estruturas

O *corpo caloso* é uma estrutura formada por um feixe de axônios. É muito importante porque conecta os dois hemisférios cerebrais. Existem dados que indicam uma associação significativa entre autismo e dimensões reduzidas do corpo caloso. O exame ao microscópio de um cérebro autista colocou em evidência as dimensões reduzidas de algumas estruturas do *tronco cerebral*, a parte do cérebro que regula muitas funções vitais, como a homeostasia, a respiração, os batimentos cardíacos, o ritmo sono-vigília, e algumas funções cognitivas, como a atenção sustentada. Existem alguns dados que sugerem uma densidade celular reduzida e um menor desenvolvimento dendrítico em outros componentes subcorticais, como o *septo* e o *hipocampo*. Diferenças neuroanatômicas também foram observadas nos *fascículos arqueado* e *uncinado* e no *pré-cúneo*.

Conectividade

Podemos nos perguntar, por fim, se o que distingue o autismo em nível neural não é tanto a hipoativação de algumas estruturas específicas, mas sim um sistema anômalo de redes neurais, um sistema peculiar de conexões entre as várias estruturas cerebrais, devido à presença excessiva de um tipo particular de conexões e à presença insuficiente de outros tipos de conexões. Em especial, poderia faltar uma maturação adequada das conexões neurais necessárias para os processos mentais *top-down*. Nos últimos vinte anos, muitas evidências se acumularam em favor das hipóteses centradas na conectividade, evidências obtidas tanto com técnicas de neuroimagem funcional e estrutural quanto com a eletrofisiologia e a genética molecular. Essas hipóteses indicavam, em particular, uma conectividade reduzida dos lobos frontais com outros lobos corticais, consistente com a atenuação dos processos *top-down*, e uma conectividade acentuada entre os lobos parietal e occipital, que poderia estar subjacente ao aprimoramento dos processos *bottom-up*. Finalmente, uma redução na conectividade de curta distância e um fortalecimento da conectividade de longa distância foram hipotetizados.

Diferenças hormonais e metabolismo de neurotransmissores

Os neurotransmissores, como a dopamina e a serotonina, são substâncias químicas que permitem e regulam a transmissão dos impulsos nervosos entre os neurônios. Nas diversas partes do cérebro prevalecem diversos neurotransmissores como, por exemplo, no hemisfério esquerdo prevalece a dopamina. Muitos medicamentos usados para enfrentar dificuldades intelectuais ou comportamentais agem alterando o metabolismo dos neurotransmissores.

Os resultados de muitos estudos revelam que o autismo está associado a diferenças no metabolismo da serotonina e do ácido γ-aminobutírico (Gaba). A serotonina no sistema nervoso central desempenha um papel crucial de regulação da estimulação e está envolvida em uma ampla gama de funções, como regulação da temperatura corporal, do sono, do apetite, da sexualidade e do humor. A serotonina também é uma das bases bioquímicas de algumas funções cognitivas e da criatividade. A serotonina está presente em níveis anormalmente elevados em cerca de um terço das crianças com autismo. O Gaba, por sua vez, é um neurotransmissor com um papel importante nos processos inibitórios e no controle do tônus muscular. O autismo está ligado à presença reduzida de enzimas envolvidas na síntese do Gaba e de receptores que respondem seletivamente a essa substância.

Hipóteses sobre diferenças no sistema hormonal foram levantadas a partir dos dados relativos à relação homens:mulheres no autismo. Considerando a maior frequência da síndrome no sexo masculino, foi levantada a hipótese de um papel dos andrógenos, hormônios masculinos, como a testosterona. Essa hipótese recebeu as primeiras confirmações de estudos anatômicos. Para medir a presença de níveis elevados de testosterona no período pré-natal, um estudo utilizou um traço anatômico. O valor obtido pela divisão do comprimento do dedo indicador pelo comprimento do dedo anular é de fato influenciado pela exposição à testosterona durante algumas fases da embriogênese. Coerentemente com a hipótese da presença de altos níveis de testosterona em fase pré-natal, uma pesquisa demonstrou que, em casos de autismo, a razão entre o comprimento do dedo indicador e o comprimento do dedo anular é significativamente menor do que a média encontrada em pessoas neurotípicas. Outras confirmações dessa hipótese vieram de trabalhos bioquímicos realizados com a coleta de amostras químicas durante a gravidez e a realização de análises para avaliar diretamente a presença de testosterona. Ambos os estudos anatômicos e bioquímicos confirmam o papel dos processos relacionados aos andrógenos, mas outros hormônios provavelmente estão envolvidos no surgimento de alguns traços autistas. Um papel importante pode ser desempenhado pela *oxitocina*, um hormônio ativo durante o parto, a relação sexual e as interações sociais de conotação afetivas.

As bases genéticas

A influência do patrimônio genético no aparecimento do autismo foi demonstrada de muitas formas. As primeiras provas foram obtidas ao se estudar indivíduos com diversos graus de parentela: gêmeos monozigóticos e dizigóticos, irmãos não gêmeos e genitores. Esses dados sobre a concordância no diagnóstico entre indivíduos com vários graus de parentela e, portanto, com semelhança genética diversa, permitem calcular a hereditariedade de um traço fenotípico. As estimativas variam de estudo para estudo, mas todas são bastante altas. Em um dos estudos mais recentes desse gênero, foram examinados dados de 37.000 pares de gêmeos e 3,5 milhões de irmãos ou irmãs. A hereditariedade do autismo foi de 87%. À luz desses resultados, o papel significativo das bases genéticas no surgimento do autismo hoje não é mais negado por nenhuma pessoa sã, atualizada e com bom senso. No entanto, pode-se notar que a concordância encontrada em pares de irmãos gêmeos monozigóticos, também chamados de "idênticos", nunca é de 100%, embora os membros desses pares sejam, de fato, geneticamente idênticos. Portanto, fica claro que além dos fatores genéticos, estão envolvidos outros fatores de natureza epigenética, que provavelmente atuam nas fases pré-natal e perinatal. Ainda sabemos pouco sobre como os fatores genéticos e não genéticos interagem no processo que leva ao surgimento do autismo.

Um dado que indica claramente a influência dos fatores genéticos no autismo é o aumento do risco de desenvolvimento da condição em irmãos de pessoas com autismo, a chamada recorrência, que hoje é estimada entre 10 e 20%. Um terceiro tipo de evidência vem da associação entre autismo e síndromes genéticas ou cromossômicas conhecidas. Por exemplo, aproximadamente 60% das pessoas com síndrome do X frágil são diagnosticadas com autismo. Todas essas evidências geraram amplo consenso sobre o papel crucial desempenhado pelas bases genéticas, motivando o intenso trabalho de pesquisa recente com o objetivo de identificar genes específicos ou mutações de risco para o autismo. Há uma lista de variantes genéticas de risco associadas ao autismo destacadas em estudos publicados e, segundo alguns autores, é possível relacionar cerca de 20-30% dos casos de autismo a essas variantes.

Alguns resultados sobre a origem genética provêm de pesquisas com os genitores. Foi descoberto que algumas características psicológicas do autismo se encontram também, de forma leve, no comportamento e nas funções cognitivas dos genitores de crianças com autismo. Essas semelhanças dizem respeito a uma maior propensão ao raciocínio de problemas físico-mecânicos comparados aos psicológicos, e à elaboração de detalhes mais do que dos aspectos estruturais e globais. Nos genitores, esse estilo cognitivo não indica nenhuma patologia, não produz nenhuma deficiência e, ao contrário, pode ser muito apreciada em certas profissões. A semelhança nesse aspecto funcional sugere, porém, um efeito de bases genéticas comuns.

Os estudos realizados até agora evidenciaram uma grande heterogeneidade nas mutações genéticas que podem estar na origem do autismo. Os genes envolvidos podem chegar a mil! As variantes menores, chamadas *variantes de nucleotídeo único*, são compostas de nucleotídeos únicos, os aminoácidos que compõem os "tijolos" dos quais cada gene é composto. As principais variações dizem respeito às moléculas de DNA e é nesse nível que encontramos as *variações no número de cópias* (copy number variation, CNV). Variações ainda maiores dizem respeito à estrutura dos cromossomos e, nesse nível, podem ocorrer deleções, duplicações, rearranjos e inversões. Características relacionadas ao autismo foram identificadas em todos esses três níveis. Nenhuma variante única de nucleotídeo, considerada individualmente, parece ter um impacto substancial no autismo. No geral, as CNVs poderiam explicar uma pequena porcentagem dos casos de autismo, cerca de 5-10%. Uma atenção especial deve ser dada a um tipo de CNV, chamado *De novo CNV*: são variantes não herdadas dos pais, produzidas durante a formação de gametas (óvulos e espermatozóides) e observadas pela primeira vez em indivíduos com autismo.

Vários estudos sobre o genoma de pessoas com autismo indicam áreas de suscetibilidade genética para o autismo em diferentes cromossomos. O primeiro a ser identificado foi o cromossomo 7q. Outros *loci* foram identificados nos autossomos 2, 3, 5, 6, 16, 17 e 19 e no cromossomo sexual X. Mais de 60 genes de risco para o autismo já foram identificados. Embora haja um consenso considerável entre os especialistas sobre a heterogeneidade nas bases genéticas do autismo, ainda não está claro como a diversidade genética corresponde a diferentes tipologias fenomênicas de autismo. E esse é um dos desafios de pesquisas futuras, um desafio cujo sucesso, em parte, dependerá também da capacidade de formar subclassificações e tipologias adequadas de autismo.

Outros fatores de risco

Um estudo recente relata que a idade dos genitores também é um fator de risco. Em particular, a idade muito jovem e adolescente da mãe e a idade avançada do pai, acima dos cinquenta anos, tornam mais provável o surgimento do autismo no nascituro. Outro fator de risco é a ingestão de determinadas substâncias durante a gravidez, fato que demonstra que o autismo pode ser causado por agentes químicos presentes no ambiente intrauterino. Um exemplo tristemente conhecido é o da talidomida, um medicamento utilizado nos anos 1960 para aliviar o mal-estar da gravidez, mas que na realidade tinha efeitos devastadores nos fetos. Nas crianças expostas a esse medicamento no período pré-natal, a probabilidade de serem autistas era cinquenta vezes superior àquela da população comum. Em geral, o uso de medicamentos durante a gravidez resulta num fator significativo de risco para o aparecimento do transtorno do espectro autista. Considerando os resultados dos estudos que investigaram esse problema em sua totalidade, descobriu-se que 39% das mães de crianças com autismo tinham feito uso do medicamento na gravidez, enquanto somente 22% das mães com filhos neurotípicos o tinham tomado. Também a presença de altas taxas de hormônios andrógenos parece ser um fator de risco para o autismo. Além disso, foi encontrada uma relação com uma doença específica contraída pela mãe durante a gravidez. Nos Estados Unidos, uma epidemia de rubéola materna foi associada ao aumento da incidência do autismo. Por outro lado, não existem dados que confirmem a associação entre vacinas e autismo, hipótese apoiada por alguns autores famosos por terem sido publicados dados falsos na prestigiosa revista médica *The Lancet*.

O estresse da mãe também pode influir no nível de dopamina da criança. Esse estado psicofísico de fato eleva o nível de dopamina, e altos níveis de dopamina no período pré-natal corresponde a altos níveis desse neurotransmissor no recém-nascido. A hiperativação do sistema dopaminérgico poderia, portanto, ser transmitida de mãe para filho até mesmo sem uma necessária contribuição de bases genéticas, mas através de mecanismos epigenéticos, que agem no curso do desenvolvimento. Um estudo relatou que a experiência de graves discórdias familiares durante a gravidez era significativamente mais frequente nas mães de crianças com autismo do que nas mães do grupo de controle.

Será que uma etiologia centrada nos efeitos do ambiente pré-natal sobre o sistema dopaminérgico do feto poderia talvez explicar os dados epidemiológicos dos últimos quarenta anos? Esses dados colocaram em evidência um aumento do autismo de proporções epidêmicas na população. É o maior aumento de incidência encontrado entre todos os transtornos e não pode certamente ser explicado fazendo referência a' fatores genéticos. Mas sua natureza permanece controversa. Muitos especialistas, provavelmente a maioria, acreditam que não há elementos suficientes para decidir se os dados epidemiológicos revelam um aumento real da difusão do distúrbio ou são expressão de mudanças de critérios e procedimentos de diagnóstico.

Outro fator de risco confirmado é a *ordem de nascimento*: vários estudos confirmaram que o autismo é mais frequente entre os primogênitos. Já que a ordem de nascimento é ligada à dificuldade e ao estresse no momento do parto, isso sugere um efeito de fatores perinatais.

Não obstante todos os dados sobre as bases biológicas recolhidos até agora, ainda há quem, destacando que os exames neurológicos muitas vezes dão resultados negativos, afirme que alguns casos de autismo não têm base orgânica. Tudo que foi dito nestas páginas deveria contribuir para mudar essa perspectiva, superando a velha dicotomia que via oposições entre as explicações "psicológicas" e as "organicistas". Todas as pessoas com autismo têm sérias dificuldades em algumas funções e competências mentais. A base orgânica dessas dificuldades deve ser pesquisada, obviamente, também no funcionamento do sistema nervoso dessas pessoas. O insucesso em encontrar diferenças neurais depende muitas vezes dos limites das técnicas de investigação disponíveis e dos atuais conhecimentos neurológicos, limites que a cada ano são reduzidos sensivelmente, graças a novas descobertas. Mas não devemos esquecer que qualquer dificuldade adquire significado clínico apenas se comprometer o funcionamento cotidiano no ambiente em que a pessoa vive. Nos últimos trinta anos, os pesquisadores prestaram muita atenção às raízes biológicas do autismo. Infelizmente, poucos recursos têm sido empregados no estudo das demandas do ambiente e de como essas demandas podem ser parcialmente modificadas para facilitar a vida das pessoas com autismo e de quem convive com elas.

Ligações bidirecionais entre genes, cérebro, mente e comportamento

Ao explicarmos um comportamento ou uma habilidade podemos tentar identificar as bases neurais e genéticas, isto é, os fatores determinantes em nível biológico. Ou podemos tentar esclarecer a elaboração das informações que tornam possível determinado comportamento ou subjacente a certa habilidade, identificando, assim, suas bases psicológicas. No caso das deficiências evolutivas e dos distúrbios do desenvolvimento intelectual, além disso, é muito importante não esquecer que cada disfunção é o resultado de um processo evolutivo atípico. Por isso, precisamos também de uma descrição detalhada do processo evolutivo.

Algumas teorias neuropsicológicas para os distúrbios evolutivos tomam como modelo funcional aquele elaborado para adultos e, por isso, especulam que no processo prejudicado falte um ou mais componentes ou as conexões entre eles, exatamente como às vezes é cogitado para pacientes adultos que tenham sofrido uma lesão cerebral. As crianças com distúrbios e deficiências, porém, mostram suas peculiaridades comportamentais e dificuldades psicológicas antes de chegarem à formação da arquitetura cognitiva madura, descrita para adultos neurotípicos. Portanto, a compreensão de seu distúrbio não pode prescindir de considerações e investigações do processo evolutivo. Esse processo pode levar a reorganizações funcionais radicais facilitadas pela grande plasticidade cerebral das crianças.

Imaginemos que aos 10 anos se observe uma dificuldade na capacidade "B" e que, para desenvolver essa capacidade, a criança, no curso de um processo de desenvolvimento típico, desfrute de uma capacidade "A" anterior. A capacidade "A", portanto, é um dos precursores de "B", e sua ausência ou fraqueza poderia oferecer uma explicação evolutiva da dificuldade de adquirir "B". Infelizmente, investigações para elucidar processos ontogenéticos nesse nível são muito difíceis de conduzir por várias razões metodológicas e ainda não está claro quais são os principais precursores para a maior parte dos conhecimentos ou das competências. Portanto, muitas vezes se propõe que algumas habilidades são precursoras de outras com base mais em argumentos teóricos do que em demonstrações empíricas sólidas.

No autismo, por exemplo, foram documentadas anomalias nas funções que dependem também das estruturas cerebrais subcorticais, isto é, de partes do cérebro que na ontogênese amadurecem cedo, antes das estruturas corticais. Algumas diferenças iniciais nos processos de atenção poderiam ser as precursoras das dificuldades de compreensão social que surgem mais tarde no desenvolvimento, em torno do segundo ano de vida, e dependem de áreas específicas do córtex cerebral. Esta é uma hipótese plausível e apoiada por alguns resultados, como veremos no próximo capítulo, quando discutiremos a pesquisa sobre os precursores da compreensão interpessoal e do raciocínio psicológico.

Note-se que usar a expressão "causa psicológica" não significa fazer referência a "uma origem sociocultural, relacional, interpessoal ou afetiva", como acontece em certos debates e como pressupõem certas teorias. "Psicológico" significa simplesmente "em nível dos processos mentais", processos que buscamos esclarecer especificando as representações e as elaborações envolvidas. Uma vez que esses processos são principalmente o que o cérebro faz – como a respiração é a principal função dos pulmões nos mamíferos – as explicações em nível biológico procuram esclarecer os processos bioquímicos e neurais que realizam as funções mentais, identificando as estruturas e as substâncias químicas utilizadas para transmitir os sinais elétricos. Tudo isso diz respeito à compreensão do autismo, mas em geral faz parte do enorme esforço que as neurociências estão realizando para explicar os mecanismos que permitem que a mente humana surja da atividade de determinado agregado de células nervosas.

No desenvolvimento de cada indivíduo, os processos causais entre diferentes níveis – genético, neural, funcional e comportamental – muitas vezes são interativos e bidirecionais. Isso significa que, por exemplo, não apenas a atividade mental é influenciada pela ativação e maturação de algumas áreas ou circuitos cerebrais, mas que os circuitos e áreas corticais recebem *inputs* e sofrem influências devido à atividade mental, ou seja, influências decorrentes do desempenho repetido de certas funções ou da falta de oportunidade para realizar tal processamento. Há, portanto, uma bidirecionalidade entre o amadurecimento das estruturas neurais, por um lado, e a aquisição ou exercício de funções psicológicas, por outro. A bidirecionalidade causal é encontrada mesmo se considerarmos a relação entre o nível genético e o das estruturas anatômicas e fisiológicas que emergem durante o desenvolvimento. Nesse caso, a bidirecionalidade ocorre porque, por um lado, a herança genética fornece as instruções para a construção das estruturas anatômicas e das capacidades instintivas, os "órgãos mentais" de que falava Darwin. Por outro lado, a presença de certas estruturas neurais ou outras características fenotípicas podem influenciar a expressividade dos genes e, assim, modular a influência deles, atuando na sua ativação ou desativação. Isso nos ajuda a entender por que a existência de raízes genéticas de um distúrbio ou deficiência nunca deve gerar uma atitude fatalista e pessimista sobre as perspectivas de intervenção: a origem biológica ou genética não exclui o papel das experiências na maturação e no desenvolvimento.

CAPÍTULO 3
Novas explicações psicológicas

No século passado, dizer "explicação psicológica" do autismo significava, para muitos, uma explicação baseada no efeito das experiências sociais, "metáfora da fortaleza vazia" e "teoria psicogenética da mãe geladeira". A teoria psicogenética, sugerida em alguns escritos de Kanner e depois disseminada fortemente por Bruno Bettelheim e muitos outros, imputava o autismo às mães, em virtude de um comportamento particularmente frio, pelas técnicas de cuidado "mecânicas", pela recusa do filho e pela incapacidade de conter suas ansiedades. Apesar da falta de evidências, essa teoria foi difundida por décadas como uma verdade estabelecida e milhares de mães, em todo o mundo, foram injustamente identificadas por psicólogos, psiquiatras e psicanalistas como a causa do transtorno mental de seus filhos. Duvido que alguém tenha se desculpado ou oferecido uma compensação. Para que estes trágicos erros e os absurdos que lhes estão associados no campo da reabilitação não se repitam, há apenas um caminho, indicado por Bernard Rimland e baseado na honestidade intelectual e numa orientação caracterizada por uma grande atenção ao que os resultados de boa pesquisa nos pode dizer.

As pesquisas sobre as bases psicológicas do autismo foram inicialmente guiadas por três teorias centradas em peculiaridades no processamento global/local (a "coerência central fraca"), na cognição social (a "teoria da mente" e seus precursores) e nas funções executivas (particularmente a "flexibilidade cognitiva"). Nos últimos vinte anos, a pesquisa psicológica sobre o autismo também explorou de forma original os sistemas conceituais e as técnicas de investigação desenvolvidas pelos estudos sobre percepção, atenção, memória, emoções, processos de aquisição e compreensão da linguagem, imitação e raciocínio. O estudo dos processos cognitivos alcançou um sucesso considerável e destacou a grande heterogeneidade na psicologia das pessoas com autismo. Foram identificadas algumas peculiaridades funcionais que surgem muito precocemente, já no primeiro ano de vida. Isso mostrou que os déficits nas funções cognitivas superiores não são déficits primários, mas nos ajudam a compreender melhor como o autismo se desenvolve. Essas descobertas têm importantes implicações potenciais em âmbito diagnóstico, prognóstico e reabilitativo. A pesquisa foi realizada principalmente em um nível de análise que privilegia a avaliação de mecanismos específicos (*subpessoal*). Menos atenção tem sido dada ao nível "pessoal" de investigação, o nível que diz respeito à experiência consciente, às concepções e às reflexões sobre o mundo relatadas por pessoas com autismo.

A organização perceptiva

Levante agora os olhos do livro e observe o seu entorno. Perto de você existem muitos objetos, mas nenhum deles, preste muita atenção, é totalmente visível. Vemos apenas partes de um objeto, porque outros objetos o ocultam parcialmente ou porque uma parte desses mesmos objetos ocultam outras. No entanto, você não tem a impressão de estar cercado por objetos fragmentados, mas estar vendo um mundo feito de objetos inteiros. Dois processos contribuem para esse sucesso do nosso sistema visual. Podemos nos basear em nosso conhecimento de como são os objetos familiares, usando processos *top--down*, ou podemos usar processos *bottom-up*, ou seja, guiados por informações externas e por princípios inatos de organização perceptiva. Esses princípios permitem impor unidade, coerência e organização a uma informação externa, geralmente fragmentada e incompleta.

Vimos que, desde as primeiras descrições clínicas, surge nas crianças com autismo uma tendência a concentrar-se nos detalhes dos objetos. Esse comportamento, combinado com outros dados, como algumas descrições de experiências fornecidas por adultos autistas capazes, estimulou, no início dos anos 1980, a teoria conhecida como teoria da "coerência central fraca". A "coerência central", afirma Uta Frith, é um aspecto que pervade os mais diversos processos cognitivos, não só a percepção visual e auditiva, mas também o raciocínio e o processamento da linguagem, onde ela requeira uma atenção adequada ao contexto. Essa teoria foi formulada principalmente tendo em mente uma série de peculiaridades em nível perceptivo e de compreensão da linguagem, mas seu potencial explicativo também se estende a sintomas envolvendo atividades estereotipadas e interesses restritos. Na percepção e produção da fala, a coerência central fraca pode se manifestar de várias maneiras. Um sintoma frequente do autismo é a *ecolalia* – ou seja, a repetição literal do que a criança ouviu. Essa repetição é muito difícil, se não impossível, para a maioria das pessoas, porque a atenção se dirige espontaneamente para o significado das frases e não para sua forma superficial. Essa última raramente é memorizada e, portanto, não pode ser reproduzida. Mas se o sistema cognitivo estiver menos voltado para o significado e o contexto, a repetição literal deve se tornar mais fácil. E é exatamente isso que se observa nos comportamentos ecolálicos.

Há demonstrações experimentais de uma menor influência do contexto na pronúncia das palavras lidas. Coloquemos duas frases em que aparece uma palavra escrita de forma idêntica, mas à qual devemos atribuir uma pronúncia e um significado muito diferentes: a) "Me passe a colher, por favor"; b) "Hoje pretendo colher minhas pitangas vermelhas". A pronúncia da palavra "colher" depende da frase em que se insere e, portanto, da decodificação mais pertinente. Um estudo experimental de Francesca Happé relatou que a pronúncia de palavras homógrafas, mas não homófonas, é menos influenciada pelo contexto frasal em crianças com autismo.

A teoria da coerência central fraca procurou integrar um grande volume de dados coletados em investigação clínica e experimental em um único modelo. Em sua formulação original, a teoria não se refere explicitamente a nenhum modelo ou teoria cognitiva preexistente para definir a pulsão (*drive*) em direção à coerência central. Assim, essa teoria é muito diferente daquela sobre déficits em funções executivas ou reconhecimento de emoções, em que os processos supostamente prejudicados no autismo já haviam sido identificados e analisados na literatura neuropsicológica, e muitas ferramentas para investigar tais funções já estavam disponíveis nessa mesma literatura. Os principais problemas para essa teoria são pelo menos dois: primeiro, ainda não está totalmente claro o que seria ("computacionalmente", dizem os cientistas cognitivos) a tendência para a coerência central; segundo, há a questão da verificação empírica. A tendência à coerência central é definida como a propensão a integrar partes ou informações em um todo coerente, é uma pulsão em direção a um significado relevante ao contexto. Aqueles familiarizados com os sucessos e fracassos da psicologia contemporânea devem ter notado que nessa definição aparecem conceitos muito difíceis e frequentemente vagos, como "significado" e "contexto".

Consideremos a famosa pergunta: "Se olharmos para uma floresta, vemos primeiro as árvores ou a floresta?". Ou "Se olharmos para uma rosa, vemos primeiro as pétalas ou a flor?". Em geral, questiona-se se, ao perceber um objeto, têm precedência ou predominância as informações de nível local (os detalhes) ou as informações de nível global (a estrutura geral, a configuração). A coerência central fraca consiste em uma fraqueza ou déficit no processamento desse último nível. Outros modelos, como o do neuropsicólogo Laurent Mottron, propuseram, em vez disso, que o processamento global está intacto e que peculiaridades surgem de um aprimoramento do processamento em nível local. Alguns estudos usaram figuras de Navon, que são imagens em que muitas letras pequenas compõem letras maiores. Por exemplo, muitos "s" minúsculos formam um "X" maiúsculo e pede-se aos participantes que identifiquem rapidamente as letras minúsculas ou as letras maiúsculas. Como as letras maiúsculas requerem a integração das minúsculas para serem vistas, esperávamos uma maior dificuldade na percepção das letras maiúsculas e diferenças no grau de interferência entre os dois níveis de informação, o global, que requer integração, e o local, que não o requer. Em muitos desses estudos, no entanto, não foram encontradas diferenças entre o desempenho de pessoas com autismo e o desempenho dos grupos de controles.

Estudos experimentais, conduzidos para investigar a organização perceptiva no autismo e para testar as previsões derivadas da teoria da coerência central e seus resultados, frequentemente são contraditórios. Para avaliar se e quanto os resultados das pesquisas realizadas sobre a organização da percepção visual no autismo sustentam a teoria da coerência central fraca, a psicóloga belga Ruth Van der Hallen realizou uma meta-análise há alguns anos. Sua conclusão é que, considerando integralmente os dados dos 56 estudos que selecionou, não emerge nenhuma fragilidade na elaboração global. Mesmo as peculiaridades (o "melhoramento") no processamento local são bastante reduzidas em comparação com os resultados das primeiras pesquisas. A organização perceptiva no autismo parece diferir daquela dos grupos de controle apenas no aspecto temporal do processamento. Os dados sugerem que, enquanto nas pessoas neurotípicas o processamento da informação global precede a local (simplificando um pouco, "vemos primeiro a floresta e depois as árvores"), no processamento de muitas pessoas com autismo tende a acontecer o contrário: o nível local é processado antes e mais rápido que o global. Isso ocorre apenas, ou principalmente, em situações de processamento espontâneo, ou seja, quando a pessoa decide autonomamente como alocar recursos atencionais. Quando, por outro lado, são fornecidas indicações externas precisas para orientar a atenção para informações globais, o desempenho das pessoas com autismo não difere daquele dos grupos de controle.

A percepção de movimento, vozes e semblantes

A percepção de movimento no autismo foi investigada usando tarefas de coerência de movimento e tarefas que apresentavam exemplos de movimento biológico. No primeiro caso, imagine que na tela de um computador existam muitos pontos se movendo simultaneamente, alguns aleatoriamente, outros coerentemente. A tarefa do participante do estudo era detectar o movimento coerente sob várias condições, dificultadas mais ou menos pela variação na razão numérica entre pontos que se movem coerentemente e pontos que se movem independentemente e de modo aleatório ou pela variação na velocidade do movimento. Para estudar a percepção do movimento biológico, por sua vez, foram usadas variações de estímulos chamadas *point-light displays* [exibições de pontos de luz]. Também neste caso o participante observa uma nuvem de pontos em movimento, mas o movimento deles corresponde ao que fazem alguns pontos do corpo de um ser humano ou de um animal quando caminham (por exemplo, pontos nos tornozelos, joelhos, ancas, ombros, punhos, cotovelos e cabeça). Ao ver esse estímulo, adultos e crianças interpretam-no corretamente numa fração de segundos, reconhecendo a presença de "um homem caminhando", embora apenas esteja presente a informação cinética (ou seja, falta completamente a informação morfológica relativa à forma do corpo). Uma meta-análise, realizada em 2019, de 48 estudos que investigaram esses processos perceptivos no autismo encontrou um modesto efeito significativo que detecta um problema no processamento global de estímulos cinéticos. Outros estudos encontraram peculiaridades na percepção do movimento biológico durante a primeira infância em irmãos de crianças com autismo. Esses resultados sugerem que a fraqueza na percepção do movimento biológico poderia ser uma característica psicológica que surge muito cedo, antes mesmo que um diagnóstico de autismo possa ser feito.

Os bebês nascem com a tendência de olhar para rostos humanos e ouvir a voz humana. Essas tendências provavelmente se devem a mecanismos inatos, adaptações filogenéticas que predispõem a criança ao aprendizado em contextos sociais. A criança recém-nascida também processa informações sobre a direção do olhar e prefere fixar-se em um rosto que está olhando para ela, em vez de dirigir-se a alguém que está olhando para outro lado. As crianças com autismo, como se sabe há bastante tempo, manifestam essas preferências de forma atenuada ou não as manifestam de fato. Pesquisas recentes conseguiram fazer uso de sistemas precisos de registro dos movimentos dos olhos (*eye-tracking systems*) e estudar quando surgem as diferenças entre crianças com autismo e crianças neurotípicas. Também neste caso, como no anterior do movimento biológico, os irmãos e as irmãs de crianças com autismo foram estudados para se poder examinar o desempenho de sujeitos muito jovens, mesmo desde o nascimento. As pesquisas sobre a percepção de semblantes no autismo produziu resultados contraditórios: na verdade, muitos estudos encontraram diferenças entre grupos com e sem autismo e outros não encontraram diferenças entre os grupos. A origem dessa inconsistência ainda não está clara, mas uma possibilidade é que esteja ligada à dificuldade das tarefas: as diferenças entre o grupo clínico e o grupo de controle surgem mais facilmente quando são utilizadas tarefas mais difíceis e, portanto, o resultado parece depender da quantidade e do tipo de informação a ser processada.

Os resultados, porém, também nesta área, são muito promissores. Um estudo de Ami Klin e colaboradores revelou desempenho normal em crianças pequenas com risco de autismo até o segundo mês, enquanto, a partir do segundo mês, algumas peculiaridades foram encontradas justamente naquelas crianças que posteriormente receberiam o diagnóstico de autismo. Uma das características que mais se evidencia é a relutância em fixar os olhos nos rostos apresentados. Esses resultados têm implicações potencialmente importantes para o desenvolvimento de futuras técnicas de *screening* e diagnóstico precoce. Eles também nos ajudam a desenvolver explicações do autismo em que anomalias específicas de atenção desempenham um papel central no início do transtorno. Finalmente, poderiam promover o desenvolvimento de situações específicas e técnicas de intervenção destinadas a fornecer à criança informações de natureza social que, espontaneamente, seu sistema atencional tende a ignorar.

A atenção

Peculiaridades nos processos atencionais não estão incluídas entre os sintomas para o diagnóstico do autismo, mas estão entre as características frequentemente associadas a ele e, portanto, também estão incluídas em alguns instrumentos de *screening* do transtorno. A atenção pode ser definida como o conjunto de processos que permitem concentrar-se seletivamente em alguns elementos ambientais ou conteúdos mentais e excluir outros. Um elemento incluído em nosso foco de atenção geralmente será submetido a um processamento perceptivo e semântico especial. Para entender como funcionam esses processos e quais os limites que os caracterizam, os psicólogos utilizaram várias metáforas e identificaram vários tipos de atenção. Uma das primeiras metáforas é a do "canal de transmissão de informação". O canal, como nos sistemas de comunicação artificial, tem uma capacidade limitada e obriga o sistema a selecionar algumas informações e deixar outras de fora. Outra metáfora útil é a dos "refletores", o foco de luz que ilumina uma parte do palco deixando o resto na sombra e, portanto, permitindo que o público veja apenas algumas das coisas presentes.

É útil distinguir os estudos de atenção no autismo com base nos tipos de atenção estudados, como atenção de alerta, espacial, seletiva, compartilhada e social. Neste último caso, a atenção é definida especificamente para determinado domínio, ou seja, para o tipo de informação processada e de índices que orientam a seleção e o deslocamento do foco. Muitos estudos têm tentado entender quais, entre os vários processos de desengajamento, deslocamento e regulação da amplitude do foco atencional, são afetados ou são anômalos no autismo. Muitas vezes, a atenção de uma pessoa é guiada tanto por indicadores exógenos, presentes no ambiente externo, quanto por indicadores endógenos, ligados a um objetivo que a pessoa pretende alcançar, que predispõem a mudar o foco ou ampliá-lo. Portanto, é crucial investigar se, e em que medida, as pessoas com autismo são capazes de usar esses indicadores. Uma luz intermitente, por exemplo, é um indicador exógeno. A instrução "deslocar a atenção para o lado indicado por uma seta" e o desenho de uma seta que nos diz se devemos prestar atenção à direita ou à esquerda são, ao invés, um exemplo do que os estudos da atenção chamam de indicador endógeno. Estudos de desenvolvimento típico revelam que a capacidade de usar indicadores exógenos amadurece mais cedo do que a de usar indicadores endógenos.

Vários estudos com recém-nascidos mostraram que, desde os primeiros dias de vida, está ativa a capacidade de usar a direção do olhar como um indicador para desviar espontaneamente a atenção para regiões coincidentes do espaço com o olhar de outra pessoa. Os mecanismos atencionais também desempenham um papel importante nos processos de comunicação e no desenvolvimento deles, porque uma comunicação eficaz requer a capacidade de selecionar informações sociais, ambientais e semânticas relevantes para compreender os sinais que nos são enviados e responder a eles adequadamente. Foi observado que a direção do olhar funciona como um indicador atencional também para pessoas com autismo, que orienta sua atenção para áreas coincidentes do espaço visual. No entanto, outros estudos descobriram que esse indicador não é usado com tanta eficácia para interpretar o significado de mensagens verbais. Ao comparar vários indicadores, como o olhar e as setas, alguns estudos descobriram que pessoas com autismo podem responder bem a ambos, mas surgiu uma diferença interessante com grupos de controle. Enquanto nos neurotípicos o poder de orientação atencional dos olhares era maior do que o das flechas, nas pessoas com autismo os dois tipos de indicadores tiveram efeitos que não diferiam significativamente entre si. Os resultados também sugerem que, nos grupos de controle, a mudança de atenção gerada pelos olhares é automática, enquanto em pessoas com autismo é controlada e depende de seu valor preditivo (o valor preditivo de um indicador é determinado pela probabilidade de que algo significativo acontece na área coincidente com a direção do olhar, como o aparecimento de um objeto). Também foi registrada uma dificuldade na utilização tanto de indicadores sociais como de indicadores não sociais, resultado que sugere que as peculiaridades da atenção visual não se limitam ao domínio social e que existem problemas gerais.

Algumas características da percepção seletiva de crianças com autismo emergiram da discussão de critérios diagnósticos e das pesquisas sobre percepção. Foi visto que a atenção delas parece se voltar espontaneamente para as informações locais. No entanto, as pessoas com autismo são hábeis em seguir instruções que lhes pedem para prestar seletivamente atenção às informações globais. As peculiaridades de natureza geral por domínio parecem dizer respeito não tanto à capacidade de manter por muito tempo a atenção concentrada em determinado tipo de tarefa ou informação (atenção de alerta ou sustentada), mas sim à capacidade de regular a amplitude do foco atencional e deslocá-lo de forma flexível, desvinculando-o de um tipo de informação ou área do espaço visual e, em seguida, vinculando-o novamente a outra área ou a outro tipo de informação (*attentional shifting*). As pesquisas sobre as capacidades de desligamento e deslocamento da atenção em resposta a indicadores endógenos e exógenos produziu resultados bastante inconsistentes. Alguns estudos relataram dificuldades em usar os dois tipos de indicadores, outros apenas em usar indicadores exógenos e outros ainda apenas em usar indicadores endógenos.

Uma maneira clássica de estudar as habilidades de desligamento e deslocamento da atenção é apresentar um ponto fixo em um monitor e, em seguida, colocar um estímulo-alvo (*target*) à direita ou à esquerda. O deslocamento dos olhos, mesmo em crianças muito pequenas, revela o deslocamento de sua atenção. O aparecimento do estímulo-alvo em determinadas tentativas ocorre após o desaparecimento do ponto central de fixação ("testes com apresentação alternada" ou "com *gap*") ou quando o ponto ainda está presente ("testes com sobreposição temporal"). Os movimentos oculares para o alvo nos testes de apresentação alternada começam mais cedo do que nos testes de sobreposição, presumivelmente porque nas últimas a atenção ainda está presa no ponto central de fixação. Em estudos que usaram esse paradigma para examinar irmãos de crianças com autismo em idades muito precoces (seis a nove meses), foram encontradas diferenças em relação aos grupos de controle, diferenças que diziam respeito tanto à velocidade geral no desligamento atencional quanto à diferença entre os dois tipos de testes. Isso sugere que as peculiaridades nos processos de atenção visuoespacial de crianças com autismo podem surgir já nos primeiros meses de vida.

O estudo da atenção, em seus aspectos automáticos, está intimamente ligado e contribui para o estudo dos processos perceptivos básicos. Nos aspectos que estão sob controle voluntário, porém, a atenção torna-se um ingrediente crucial das funções executivas e das capacidades de raciocínio e resolução de problemas, contribuindo para a formação dos requisitos para respostas adaptativas não automáticas e para as habilidades originais e criativas que distinguem o sistema cognitivo humano. A maioria dos estudos realizados até agora utilizou tarefas de laboratório e ainda não está claro até que ponto as peculiaridades observadas podem ser generalizadas para situações mais naturais. Um grande desafio de pesquisas futuras será estudar como a atenção é empregada em ambientes mais semelhantes às situações da vida cotidiana.

Imitação, aprendizagem e memória

Desde a primeira infância, as crianças aprendem com outras pessoas, imitando o que elas fazem ou dizem. A tendência à imitação é muito precoce, universal e, segundo muitos estudiosos, inata. Além de facilitar a aprendizagem, a imitação também é uma importante fonte de informação social, estabelecendo vínculos e revelando afiliações e pertencimento a grupos. Muitos estudos indicam que a execução e a imitação de gestos arbitrários ou ritualizados contribuem, em particular, para esta função, ou seja, movimentos cuja explicação não pode ser atribuída a simples razões de eficiência e funcionalidade para alcançar um objetivo concreto. Numerosos estudos revelaram que pessoas com autismo mostram uma propensão reduzida à imitação. Giacomo Vivanti também demonstrou que o desempenho é pior quando se pede a elas que copiem gestos arbitrários. Essas dificuldades na primeira infância estão associadas à probabilidade de a criança receber um diagnóstico de autismo e são boas preditoras do êxito das intervenções psicoeducativas. As crianças com autismo têm melhor desempenho se lhe pedem a emulação de um modelo (copiar apenas o objetivo do modelo), mas não a imitação literal (copiar tanto o objetivo quanto os meios para alcançá-lo). O comportamento imitativo é uma atividade complexa que requer uma particular elaboração perceptiva dos movimentos a serem copiados, aspectos motivacionais e a capacidade de monitorar a correspondência entre o que é observado e as informações proprioceptivas provenientes do corpo. Estão envolvidas habilidades atencionais e executivas e são recrutados circuitos neurais que incluem os neurônios-espelho. As atuais pesquisas procuram entender em qual desses componentes emergem as dificuldades responsáveis pela redução das capacidades imitativas observadas no autismo.

Obviamente, o *aprendizado* e a *memória* em crianças e adultos não ocorrem apenas por meio de processos imitativos. Imagine que você receba uma lista de palavras e lhe pedem para se lembrar delas. A memória será influenciada pela presença de dois tipos de informações: as distintivas, que tornam cada elemento diferente dos demais, e as relacionais, que colocam os elementos em relação entre si. Numa lista de palavras, são distintivas as informações que distinguem os vários elementos com base no som, na forma gráfica ou no significado e nas informações associadas ao significado, por exemplo, a imagem do objeto a que a palavra se refere. Informações relacionais são aquelas comuns a alguns elementos, como pertencer a uma mesma categoria ou a uma mesma cena visual. Essas informações são mais bem ativadas pela adoção de estratégias cognitivas específicas. Formar uma imagem de cada objeto nomeado, ou julgar sua agradabilidade, favorece a codificação da informação distintiva. A codificação da informação relacional é, no entanto, facilitada quando se pede para pensar sobre a categoria a que pertence cada objeto nomeado na lista. Finalmente, essas atividades ou estratégias de codificação têm efeitos diferentes, dependendo do material ao qual são aplicadas: se o material pode ser facilmente organizado em categorias, não há necessidade de ativar a estratégia de categorização, porque a codificação relacional geralmente ocorre espontaneamente. Por exemplo, se em uma lista houver as palavras "gato, maçã, banana, lobo, leão e limão", as categorias de frutas e animais são facilmente ativadas por crianças e adultos para lembrar os elementos da lista. Assim, o material que é facilmente categorizável geralmente é mais fácil de ser lembrado do que o material que é difícil de categorizar. Existem vários tipos de armazenamentos de memória, processos mnemônicos e estratégias de codificação e recuperação. Uma das distinções fundamentais é aquela entre memória de trabalho e memória de longo prazo. A primeira é uma das funções executivas e permite manter ativo um conjunto muito limitado de informações a fim de disponibilizá-lo para o raciocínio ou para outros processos mentais. A memória de longo prazo, por outro lado, é como um depósito cuja capacidade, até onde sabemos, é ilimitada. Ambos foram ulteriormente analisados em vários componentes. A memória de trabalho é dividida em processos diretivos e partes especializadas em manter ativas informações fonológicas, espaciais ou para "objetos" distintos, como objetos identificados no espaço visual. A memória de longo prazo foi dividida de acordo com o tipo de conteúdo, por exemplo, subdividindo-a em memória semântica (conhecimento conceitual), episódica (informações relacionadas a eventos temporais específicos) e autobiográfica (nosso conhecimento de nós mesmos, que inclui tanto as informações episódicas quanto as informações semânticas). Outra distinção importante na análise da memória é baseada no tipo de codificação: existem codificações procedurais (instruções sobre como determinada ação ou processo deve ser executado), icônicas (para imagens) e declarativas (para frases expressas em uma linguagem natural ou em uma linguagem interna universal, também chamada "linguagem do pensamento"). Obviamente, não temos espaço aqui para discutir todos os resultados dos estudos que examinaram esses diferentes tipos de armazenamento e processos de mnemônicos no autismo e devemos nos contentar em nos referir apenas a alguns dos resultados mais interessantes.

A *memória de trabalho* é rotineiramente examinada em testes de desenvolvimento intelectual, e uma descoberta bem estabelecida é relacionada ao seu crescimento ao longo do desenvolvimento típico. A memória de trabalho é, portanto, tipicamente associada ao nível intelectual e, em pessoas com autismo, descobrimos que também há dificuldades na memória de trabalho se forem pessoas com QI muito baixo. Pode-se esperar que as dificuldades na memória de trabalho não estejam relacionadas ao autismo, mas sim à deficiência intelectual. A primeira meta-análise de 98 estudos abordando essa questão, publicada em 2017 por Chun Lai e colaboradores da Universidade de Hong Kong, dá-nos uma resposta diferente. Ela chega à conclusão que existe um comprometimento da memória de trabalho em pessoas com autismo e que esse comprometimento não é atribuível aos valores de QI, como surge em muitos estudos em que esse fator era controlado. A fraqueza na memória de trabalho surge em várias tarefas clássicas de exame clínico neuropsicológico, como a repetição de uma lista de dígitos ou a cópia de uma figura complexa. No entanto, as dificuldades são modestas, afetam os vários componentes verbais e espaciais de maneira semelhante e também são encontradas em pessoas com autismo sem Transtorno do Déficit de Atenção com Hiperatividade comórbido.

A *memória processual* é um componente muitas vezes implícito da memória de longo prazo e é composta de instruções muitas vezes não facilmente acessíveis à reflexão consciente sobre como executar sequências motoras (como andar de bicicleta) ou cognitivas (como analisar automaticamente a ordem das palavras que compõem uma frase falada na língua nativa para chegar ao seu significado). Estudos sobre as capacidades de memória processual usando tarefas de aprendizagem motora encontraram um desempenho relativamente bom em pessoas com autismo. Outros métodos frequentemente usados para estudar a memória processual ou a memória implícita são os de *priming*, isto é, a ativação de um conteúdo a partir de um indício perceptivo (por exemplo, um pedaço de uma imagem), fonológico (por exemplo, a letra com que começa uma palavra) ou conceitual (por exemplo, uma palavra semanticamente relacionada). Todas essas técnicas geralmente produziram resultados que não indicam problemas graves na memória procedural e em outros tipos de processamento de memória não declarativa. No entanto, o envolvimento da memória de trabalho nas capacidades linguísticas levou a algumas hipóteses centradas na memória processual para explicar as frequentes dificuldades que muitas crianças com autismo encontram em aprender não apenas os aspectos pragmáticos do uso da linguagem, mas também os aspectos estruturais relacionados às competências morfológicas e sintáticas.

A *memória episódica* diz respeito às informações caracterizadas pela referência específica a um evento que presenciamos ou participamos. Se nos pedem para resumir uma passagem que acabamos de ler ou para contar o que fizemos ontem, também usaremos nossa memória episódica para responder. Esse tipo de memória é testado de várias maneiras, às vezes usando tarefas inventadas há mais de um século, como a tarefa de recordação livre. As pessoas com autismo geralmente se saem bem em tarefas de recordação livre, mas alguns estudos descobriram que elas são menos bem-sucedidas do que os grupos de controles na exploração de informações relacionais, como as de associação categórica. Isso sugere uma dificuldade em usar espontaneamente a codificação profunda do material. Em algumas tarefas de memória, ao invés, são apresentadas listas de pares de elementos (por exemplo, pares de palavras ou pares de sílabas) e, na fase de teste, o participante vê, ou ouve, apenas um membro de cada par e deve lembrar-se dos outros elementos, respeitando as combinações originais.

No autismo, verificou-se um bom desempenho, globalmente, também neste tipo de tarefas, denominadas "tarefas de recordação guiadas" (*cued recall*). Finalmente, existe um terceiro tipo de tarefas, as tarefas de reconhecimento, que funcionam da seguinte forma: durante a fase de aprendizagem é apresentada uma lista de elementos, por exemplo, palavras ou figuras. Em seguida, na fase de teste, os elementos já vistos são reapresentados juntamente com outros nunca antes vistos, os distratores, e o participante é solicitado a reconhecer os elementos originais, vistos durante a aprendizagem, distinguindo-os dos distratores. Nas tarefas de reconhecimento, as pessoas com autismo apresentam desempenho de acordo com seu nível intelectual, portanto dentro da norma se não houver deficiência intelectual. No entanto, se o material contiver estímulos sociais, como fotografias de rostos, em vez de listas de palavras e imagens de objetos, o desempenho entre as pessoas com autismo é significativamente pior do que nos grupos de controle.

A *memória autobiográfica* contém tanto memórias episódicas (a memória do que fizemos, vimos, pensamos ou do que aconteceu conosco) quanto aspectos da memória semântica (conhecimento semântico pessoal sobre quem somos e como somos). A memória autobiográfica é uma parte central do eu e desempenha um papel fundamental na formação e manutenção das relações sociais, na comunicação e nas interações diárias. Existem vários livros em que pessoas com autismo contam muitas coisas sobre seu passado, mas ainda são poucos os estudos que compararam grupos de pessoas com e sem autismo para esclarecer eventuais peculiaridades da memória autobiográfica. Alguns resultados iniciais indicam que o componente semântico está intacto em pessoas com autismo, mas há um comprometimento do componente episódico da memória autobiográfica. Um estudo de Laura Crane e Lorna Goddard, duas pesquisadoras do Goldsmiths College (Londres), avaliou a memória que adultos, com ou sem autismo, têm de eventos ocorridos na infância e constatou que a memória autobiográfica da infância, desde a Educação Infantil até cinco anos após o término do Ensino Médio, foi menos informativa no grupo de pessoas com autismo. Se, além disso, estudarmos em pessoas sem autismo a memória de eventos que aconteceram com elas ou com outrem, encontramos uma superioridade na memória do primeiro tipo de eventos. Nas pessoas com autismo essa superioridade é invertida: elas se lembram melhor de eventos que não as envolveram. A memória autobiográfica no autismo até agora foi pouco estudada e certamente merece uma investigação mais aprofundada.

Finalmente, o que sabemos sobre o desenvolvimento da *memória semântica* no autismo? A memória semântica é composta por todo o nosso conhecimento conceitual, que forma a base do significado das palavras. O desenvolvimento do vocabulário está, portanto, intimamente relacionado ao desenvolvimento semântico. Para alguns teóricos, como Piaget, o desenvolvimento da memória semântica é o pré-requisito para o desenvolvimento do vocabulário, enquanto outros teóricos defendem que a relação entre os dois componentes é mais interativa e que, portanto, há uma influência importante do desenvolvimento lexical sobre o conceitual. Com base nos resultados de muitos estudos experimentais, vários autores sugeriram que, embora a memória episódica no autismo pareça apresentar várias deficiências, o desenvolvimento da memória semântica está alinhado com o desenvolvimento intelectual geral e, portanto, está intacto em pessoas com autismo de alto funcionamento. Essa proposta é consistente com muitos resultados, mas para ser devidamente avaliada, é necessária uma reflexão sobre a natureza muito complexa da memória semântica, o depósito que contém todo o nosso conhecimento conceitual. Podemos examinar aspectos gerais do sistema semântico, como efeitos de frequências e tipicidade com tarefas de *priming* ou vocabulário, e descobrir que o desempenho no autismo é consistente com a idade mental ou o QI verbal da pessoa. Mas também podemos nos perguntar se existem domínios conceituais específicos nos quais o sistema semântico das pessoas com autismo apresenta fragilidades. Foi esse tipo de questionamento, relativo a um domínio específico do nosso conhecimento conceitual, que deu origem a uma das hipóteses que mais estimulou a pesquisa sobre a psicologia do autismo: a hipótese das dificuldades de mentalização, que examinaremos a seguir.

O raciocínio, a cognição social e o julgamento

A mente humana usa os conceitos para fazer muitas coisas. Nós os usamos para trazer ordem ao nosso mundo perceptivo e agir apropriadamente, por exemplo, reconhecendo a qual categoria pertencem os objetos e as ações que observamos. Também usamos os conceitos para nos comunicar, quando os evocamos por meio de palavras convencionais. E os usamos para fazer planos, prever e refletir, quando os inserimos nas proposições que constituem as premissas ou conclusões do nosso raciocínio. Imagine ver alguém que abre as várias gavetas de uma escrivaninha, levanta os livros e os papéis que estão em cima, depois olha ao redor insatisfeito e, enfim, sai da sala apressadamente. Você imediatamente pensa que ele não conseguiu encontrar o que estava procurando. Lemos espontaneamente os movimentos de pessoas e animais guiados por estados mentais. E nem precisamos observar os movimentos de uma pessoa ou de um animal para ativar nossos processos de mentalização. Em alguns experimentos conduzidos por Laura Franchin, Alessandra Geraci e deste escritor, foi demonstrado que mesmo crianças pequenas atribuem estados mentais a triângulos e círculos quando observam os movimentos finalizados dessas formas geométricas.

Os estados mentais não podem ser pegos com as mãos nem vistos, nem mesmo com o mais potente microscópio eletrônico. No entanto, os seres humanos do mundo inteiro, com exceção dos filósofos "eliminativistas", têm certeza de que os estados mentais existem, e que desempenham um papel crucial na vida de todas as pessoas. A atribuição de estados mentais permite-nos compreender as interações sociais e interpretar as intenções comunicativas todos os dias. Os psicólogos costumam chamar essas capacidades e competências de "teoria da mente" porque, como uma teoria científica, são capacidades que explicam e antecipam uma classe de fenômenos – como as ações ou as reações emocionais.

No entanto, "teoria da mente" corre o risco de ser um nome equivocado porque os conhecimentos psicológicos fundamentais, que todas as crianças com desenvolvimento típico adquirem nos primeiros anos de vida, não são necessariamente conhecimentos conscientes, como as teorias científicas. Em vez disso, especialmente na primeira infância, são conhecimentos implícitos, semelhantes nisso aos conhecimentos gramaticais das crianças: noções sobre as quais o bebê é incapaz de refletir conscientemente, mas que, no entanto, orientam seus processos de compreensão e produção da linguagem. Com que idade as crianças demonstram possuir uma teoria da mente? Para responder a essa pergunta, a maioria dos estudos realizados no último século utilizou tarefas de falsas crenças, como, por exemplo, a tarefa de Sally e Anne.

Conta-se uma história para a criança com a ajuda de objetos simples: duas bonequinhas, um cestinho, uma caixa e uma bolinha de gude: "Sally esconde sua bolinha de gude no cestinho e sai para passear. Enquanto ela está fora, Anne passa a bolinha do cesto para a caixa. E então Sally volta". Pergunta-se, então, à criança: "Onde Sally irá procurar sua bolinha?". Se a criança der a resposta correta, seu sucesso sugere que tem condições de tomar conhecimento da falsa crença de Sally. Consideremos, agora, o caso oposto em que Sally conheça a posição final da bolinha. Nesta situação, a resposta correta poderia ser gerada pelo menos de duas maneiras: levando em conta, como faria um adulto, a representação da bolinha de gude na mente de Sally ou, muito simplesmente, observando somente a situação de fato e deixando de lado qualquer estado mental. Na tarefa de falsa crença, negligenciar o estado mental de Sally e considerar apenas o estado factual gera uma resposta incorreta.

Centenas de experimentos conduzidos, utilizando variados tipos de tarefas de falsas crenças com perguntas explícitas mostram que já por volta dos quatro anos de idade a maioria das crianças com desenvolvimento típico supera essas tarefas, utilizando o conceito de crença para antecipar e compreender as ações de outras pessoas. Mas é realmente verdade que o fracasso em tarefas como a de Sally e Anne revela uma incapacidade de representar estados mentais? Nos últimos vinte anos, várias *tarefas implícitas* foram propostas, isto é, tarefas que evitam fazer aos participantes quaisquer pedidos explícitos. Nessas tarefas, mesmo as crianças no primeiro ano de vida dão respostas espontâneas que revelam sua capacidade de raciocinar sobre estados mentais. O aparecimento do faz de conta, por volta dos dezoito meses, sugere a capacidade de distinguir entre acreditar, saber e fingir e a posse de conceitos psicológicos.

Um possível precursor da compreensão autenticamente psicológica é o raciocínio centrado em ações, objetivos, propósitos e restrições impostas pelo ambiente. Essa compreensão teleológica (de *telos*, que em grego significa "propósito, fim") tem sido investigada em vários experimentos recentes e parece emergir bem cedo, já aos cinco meses de idade.

Em suma, a capacidade de pensar sobre um fato muito complexo e abstrato já aparece na primeira infância: as pessoas possuem representações mentais da realidade, entidades invisíveis, mas fundamentais para entender o que os outros estão fazendo ou farão, o que querem nos comunicar, que emoções sentiriam se certas condições fossem atendidas. Essa é uma das ferramentas de raciocínio mais poderosas disponíveis para os humanos. No primeiro ano de vida surgem diversas habilidades que parecem ser as precursoras da teoria da mente, como a sensibilidade ao propósito das ações e ao estado atencional dos agentes.

Um rico corpo de estudos conduzidos ao longo de quase quarenta anos de intensa atividade de pesquisa mostrou que a maioria das crianças com autismo apresenta dificuldades severas e persistentes na aquisição dos conceitos psicológicos centrais da psicologia intuitiva, a psicologia que usamos para raciocinar sobre desejos, crenças e emoções. Em uma palavra, a capacidade de raciocinar sobre a mente que se adquire desde tenra idade. Crianças e adultos com autismo, mesmo sem deficiência intelectual, apresentam peculiaridades nesse tipo de raciocínio. Mas a dificuldade, ao contrário do que se supôs no século passado, não parece ser um déficit primário. A hipótese de que o autismo, em nível cognitivo, é caracterizado principalmente por uma dificuldade em adquirir alguns conceitos psicológicos básicos foi então testada em numerosos experimentos que, na maioria dos casos, relataram a dificuldade seletiva de crianças com autismo em superar tarefas de teoria da mente.

Convém frisar que o desempenho em tais tarefas geralmente não pode ser usado para diagnosticar o autismo porque as tarefas foram projetadas para comparar grupos de pessoas com autismo e grupos de controle, não para avaliar indivíduos. Estudos realizados com tarefas de raciocínio psicológico têm reiteradamente confirmado que crianças com autismo têm desempenho ruim nessas tarefas e, na maioria dos casos, fornecem respostas que revelam uma boa capacidade de levar em consideração a realidade externa objetiva, mas demonstram dificuldade em prestar atenção à realidade interna e essa dificuldade é seletiva, isto é, não pode ser explicada com base em problemas afetivos, atencionais, executivos ou linguísticos.

O desempenho em tarefas de raciocínio mental, no entanto, está positivamente correlacionado com habilidades verbais: quanto melhores estas, maior a probabilidade de a criança passar em testes de falsas crenças. Para chegar a uma probabilidade de sucesso de 0,5, ou seja, obter cerca de 50% de sucesso em um grupo de crianças com autismo, elas precisam ter habilidades verbais comparáveis às de uma criança de oito anos. Isso sugere que a capacidade de superar essas tarefas no autismo se beneficia de estratégias compensatórias.

As tarefas de raciocínio psicológico geralmente propõem situações em que o componente afetivo é reduzido ao mínimo. Além disso, pode-se excluir que dificuldades na esfera afetiva e comunicativa perturbem a interação entre a criança e o pesquisador e causem falhas porque uma dificuldade de natureza afetiva ou comunicativa atrapalharia não apenas a execução dos testes de teoria da mente, mas também as de controle. Entre essas tarefas, encontramos aquelas que exigem raciocinar sobre representações externas, como fotos ou desenhos. Por exemplo, em estudos de compreensão de fotos falsas, a criança tira uma foto de uma situação com uma câmera Polaroid. Digamos que a criança tire uma foto de um gatinho sentado em uma cadeira. Antes da revelação da foto, o pesquisador a esconde e muda a situação, colocando o gato na cama. Nesse ponto, pergunta-se à criança onde está o gato na foto. As crianças com autismo não têm dificuldade em responder corretamente em tarefas de simulação de fotos, embora a resposta certa exija a inibição de um conteúdo que representa a realidade presente. Uma limitação geral de natureza comunicativa, inibitória ou atencional deveria, ao contrário, gerar dificuldades semelhantes às observadas em tarefas de falsas crenças. Parece, portanto, que estamos lidando com um déficit nas habilidades representacionais, uma limitação nas habilidades conceituais.

Qual é a relação entre o desenvolvimento da linguagem e as habilidades da teoria da mente? Dissemos que as duas capacidades estão positivamente associadas, mas isso não lança luz suficiente sobre a natureza da relação. Uma maneira de pensar sobre a relação entre linguagem e teoria da mente enfatiza as estratégias compensatórias: algumas crianças com autismo poderiam usar estratégias diferentes daquelas usadas por crianças com desenvolvimento típico para superar as tarefas de falsas crenças. Essas estratégias poderiam exigir uma codificação verbal e consciente dos raciocínios usados nas tarefas de falsa crença. A existência de estratégias de compensação é sugerida pelo fato de que as crianças podem aprender a superar essas tarefas por meio de intervenções psicoeducativas adequadas (veja o último capítulo), mas raramente mostram boa capacidade de generalizar esse aprendizado para outros contextos. A explicação para essas dificuldades de generalização poderia residir precisamente no carácter mais "verbal" e voluntariamente controlado dos procedimentos utilizados pelas crianças com autismo, procedimentos que depois se revelam difíceis de aplicar em situações da vida cotidiana. Outro dado a favor dessa proposta vem de estudos que empregaram tarefas implícitas e explícitas da teoria da mente. Alguns desses estudos descobriram que adultos com autismo de alto funcionamento superam facilmente as tarefas explícitas, mas mostram peculiaridades nas implícitas: parece que, embora saibam como atribuir os estados mentais exigidos em tarefas de teoria da mente, eles não o fazem espontaneamente quando faltam perguntas claras e explícitas.

As dificuldades no raciocínio psicológico no autismo são persistentes e universais?

Muitos adultos ou adolescentes com autismo de alto funcionamento superam as tarefas de falsas crenças sem dificuldade, e isso pode nos levar a questionar se as dificuldades de mentalização estão presentes em todas as pessoas com autismo ou persistem por toda a vida. Porém, como vimos no parágrafo anterior, a associação com testes verbais sugere que em alguns casos os acertos sejam falsos positivos, isto é, respostas corretas obtidas, porém, sem o uso de conceitos mentais. Em segundo lugar, as pessoas com autismo que superam os testes de falsas crenças do tipo discutido há pouco ainda acham difíceis as tarefas da teoria da mente de nível mais avançado. Há vários tipos de tarefas de teoria da mente de nível avançado. Existem aquelas que requerem atribuições recursivas de estados mentais ("ele acha que ela sabe que...") e aquelas que requerem a atribuição de estados mentais complexos com base em informações que vêm do semblante. O primeiro tipo de tarefas requer a atribuição recursiva de estados mentais através da apresentação de histórias mais complexas do que a de Sally e Anne, ou a apresentação de figuras de linguagem, como a ironia e o sarcasmo. Um segundo tipo de tarefa, como o Teste dos olhos, é completamente diferente dos descritos até agora e relaciona o desenvolvimento da teoria da mente com outras habilidades, como compreensão emocional e resposta empática. O Teste dos olhos prevê a apresentação de uma série de fotografias de rostos em que apenas a região ocular é visível, e a solicitação para indicar o adjetivo que melhor descreve cada um desses olhares entre os quatro previstos para cada teste. As pessoas com autismo que passam nos testes de falsas crenças de nível um, como o teste de Sally e Anne, frequentemente falham nos testes de nível dois e apresentam dificuldades em realizar o Teste dos olhos. Isso sugere que o déficit da teoria da mente é universal e persistente no autismo. No entanto, nem todos os estudiosos acolheram com entusiasmo a pesquisa sobre a teoria da mente e as conclusões sobre o déficit metarrepresentativo. Vários estudiosos formularam algumas objeções à teoria do déficit da capacidade de mentalização. Alguns filósofos e neurocientistas que estudam os neurônios-espelho propuseram que as habilidades de mentalização não são habilidades de raciocínio inferencial baseadas em silogismos práticos, mas dizem respeito à capacidade de simular o que está acontecendo na cabeça de outras pessoas. Essa simulação é feita usando sua própria mente como modelo. O déficit da teoria da mente não deveria, segundo alguns, ser considerado entre os déficits cruciais para a compreensão da natureza do autismo, porque crianças com autismo têm níveis semelhantes de fracasso em tarefas de teoria da mente aos de crianças surdas que aprenderam a linguagem de sinais mais tarde. Essa crítica revela uma relutância em aceitar o princípio segundo o qual diferentes grupos de pessoas (por exemplo, crianças com autismo ou deficiência auditiva) podem falhar nas mesmas tarefas cognitivas por diferentes razões. Além disso, o sucesso demonstrado por uma minoria de crianças em tarefas "simples" da teoria da mente sugere que algumas pessoas com autismo aprendem a mentalizar com algum atraso, mas suas dificuldades em tarefas "complexas" e implícitas indicam a persistência de dificuldades no raciocínio psicológico.

Um aspecto muito importante da cognição social humana diz respeito à capacidade de formular julgamentos éticos e morais. Essa habilidade é um ingrediente fundamental da interação e cooperação social. Já na idade da Educação Infantil, as crianças com desenvolvimento típico protestam e se queixam se alguém faz algo "que não é certo" e, para isso, levam em consideração vários tipos de informações. Em particular, elas prestam atenção tanto aos resultados da ação quanto à intenção por trás da ação ("Ele fez de propósito"). Outra aquisição precoce, segundo muitos estudos, é a distinção entre regras morais, que prescrevem não prejudicar os outros, e regras convencionais, como as que prescrevem como comer à mesa ou que roupa usar para ir à escola.

Algumas pesquisas recentes sobre crianças com autismo estudaram suas habilidades de julgamento. Vários estudos relatam uma capacidade intacta de distinguir regras morais de regras convencionais. No entanto, outras pesquisas, por exemplo as de Tiziana Zalla, Roberta Fadda, Melanie Killen e muitas outras, relatam diferenças nas habilidades de julgamento e, em particular, na capacidade de considerar intenções, mostrando maior atenção aos resultados externos em comparação aos grupos de controle. Em 2016, Francesco Margoni e eu examinamos os resultados desses estudos na primeira revisão dedicada ao tema, e em um estudo experimental subsequente, com Giulia Guglielmetti, descobrimos que mesmo crianças com autismo eram capazes de fazer julgamentos com base em intenções, e elas faziam isso na mesma medida que as crianças com desenvolvimento neurotípico. No entanto, para que isso acontecesse, era fundamental incluir adaptações nas tarefas experimentais para reduzir o envolvimento das funções executivas. Seria útil para estudos futuros nessa área investigar a origem das reações incomuns que as pessoas com autismo costumam ter ao receber desaprovação ou elogio.

Emoções e empatia

Os escritos autobiográficos de algumas pessoas com autismo revelam a presença de experiências emocionais intensas. A observação de crianças com autismo realizada por familiares ou médicos revela uma capacidade bem desenvolvida de expressão emocional, pelo menos para emoções básicas como alegria, tristeza, medo, raiva e surpresa. No entanto, foi documentada uma grande variedade interindividual nessa área e diversos estudos recentes relatam uma redução da expressividade emocional veiculada por faces, gestos, postura corporal e entonação de voz. O autismo também parece estar associado a diferenças no desenvolvimento da expressão, do reconhecimento e até na compreensão de emoções complexas, como orgulho, constrangimento, culpa e vergonha. Não é por acaso que, quando processamos essas emoções, consideramos o que os outros podem pensar de nós.

Vários estudos também encontraram problemas no desenvolvimento de habilidades empáticas. A empatia é a capacidade de reconhecer e compreender corretamente os estados emocionais de outras pessoas e de responder de forma pró-social apropriada. A capacidade de empatia é a capacidade de sintonizar-se na vida emocional dos outros e experimentar suas emoções e sentimentos. Os estudos atuais distinguem um componente afetivo da empatia, que chamamos de "empatia emocional", e outro componente, chamado de "empatia cognitiva". A empatia emocional diz respeito à capacidade de ressoar emocionalmente em sintonia com outras pessoas e tem um precursor no fenômeno do contágio emocional que se observa na primeira infância: quando um bebê de poucos meses ouve outro bebê chorar é provável que, logo depois, comece a chorar também. A empatia cognitiva se sobrepõe à teoria das habilidades da teoria da mente discutidas há pouco no que diz respeito à capacidade de compreender os estados emocionais de outra pessoa e antecipar ou interpretar suas reações emocionais com base em seus desejos, crenças, esperanças, expectativas e outros estados mentais relevantes (e, obviamente, também com base em algum aspecto pertinente da realidade externa). A resposta empática emocional também inclui um impulso para agir pró-socialmente e, por exemplo, motiva a pessoa a trazer conforto e segurança a quem se sente triste, preocupado ou com medo.

Atualmente, existe um consenso muito amplo sobre a associação entre autismo e pouca empatia cognitiva. A falta ou atenuação das reações empáticas está incluída nos sintomas do autismo. Várias pesquisas revelaram a dificuldade das crianças com autismo em reconhecer as emoções expressas no semblante e em antecipar e compreender as reações emocionais de outras pessoas. Alguns estudos constataram a persistência dessa dificuldade também em adultos com autismo de alto funcionamento. Por exemplo, adultos com autismo têm dificuldade no Teste dos olhos. Os adjetivos e as descrições utilizados referem-se a vários estados mentais e emoções complexas, que se desenvolvem após as emoções básicas (alegria, tristeza, medo, raiva e surpresa) e requerem processos cognitivos mais complexos do que os exigidos pelas emoções primárias. Em particular, emoções complexas, como vergonha ou orgulho, exigem a capacidade de representar o que os outros pensam e o que pensariam de nós caso determinada situação ocorresse, exigindo assim habilidades de teoria da mente. Existe uma correlação negativa entre o desempenho nessa tarefa e os escores do *quociente de autismo*, uma medida da presença de características típicas do autismo.

Estudos de ressonância magnética funcional analisaram a ativação cerebral durante a realização do Teste dos olhos em pessoas com autismo e no grupo de controle. Neste último, as áreas mais ativadas durante o teste são o sulco temporal superior, a amígdala e o córtex pré-frontal. Em pessoas com autismo, no entanto, a ativação seletiva foi observada apenas nas áreas frontotemporais. O mau desempenho no Teste dos olhos em pessoas com autismo está, portanto, associado a diferenças na ativação de estruturas cerebrais normalmente recrutadas para realizar a tarefa, em particular com a baixa atividade da amígdala e de uma área do córtex cerebral, o sulco temporal superior.

Vários estudos investigaram a tendência de não olhar nos olhos das pessoas. Para documentar objetivamente essa característica, investigações recentes têm feito uso do *eye tracking* [rastreamento ocular], um dispositivo que registra os movimentos oculares dos sujeitos enquanto olham para imagens estáticas ou cenas de interação social tiradas de um filme. Em comparação com os grupos de controle, as pessoas com autismo olham significativamente menos para os olhos dos atores e mais para a boca, o corpo e os objetos do ambiente. A preferência pelos olhos está presente nas crianças desde os primeiros dias de vida e depende, pelo menos em parte, de mecanismos perceptivos inatos independentes da teoria da mente.

Alguns níveis de empatia, ligados a determinadas situações em que estão presentes emoções primárias de alegria, tristeza, medo, raiva e surpresa, podem ser alcançados apesar das dificuldades de mentalização. Vários estudos sobre as reações fisiológicas que as pessoas com autismo têm ao observar imagens que retratam emoções primárias não encontraram diferenças significativas entre pessoas com autismo e pessoas sem autismo. Há outro grupo de pessoas que, ao contrário, mostra uma ativação empática muito atenuada em comparação com os grupos de controle: as pessoas com psicopatia.

Os psicopatas podem superar muito bem todos os testes de teoria da mente, coerentemente com sua conhecida capacidade de manipular situações sociais a seu favor, mas permanecem "frios" mesmo depois de reconhecerem expressões de grave sofrimento. Autismo e psicopatia, portanto, apresentam perfis opostos de incapacidade empática. No autismo o componente da empatia mais afetado é o cognitivo, na psicopatia parece ser o emocional.

As funções executivas

A eficiência de um sistema cognitivo depende da capacidade de encontrar um bom equilíbrio entre automatismo e flexibilidade, um equilíbrio que seja funcional para a tarefa a ser realizada e ao ambiente em que deve ser desenvolvida. O automatismo garante velocidade de resposta, mas gera rigidez e frequentemente não produz respostas apropriadas às situações novas. A flexibilidade permite produzir respostas adequadas e inteligentes em situações novas, mas graças a uma velocidade menor e maior esforço mental. O estudo de como essa flexibilidade se realiza no ser humano levou a investigações sobre as funções executivas. As funções executivas são, juntamente com as habilidades linguísticas e a capacidade de fazer julgamentos morais, as competências que talvez mais diferenciem a mente humana daquela de outros seres vivos.

Vejamos agora quais são essas funções, como são avaliadas e como se desenvolvem nas pessoas com autismo.

As funções executivas, ou funções frontais, são os processos de controle e coordenação do funcionamento do sistema cognitivo e abrangem a capacidade de deslocar e manter a atenção em informações pertinentes para completar uma tarefa, atualizar as informações na memória de trabalho, fazer planos, inibir as reações impulsivas ativadas por estímulos externos, organizar as ações e monitorar-lhes o resultado. As funções executivas são necessárias principalmente quando não podemos deixar que um processo ou uma ação sejam guiados por reações automáticas aos estímulos externos, ou quando não existe nenhum hábito ao qual confiar a produção de ações adequadas. Elas são, por esse motivo, responsáveis pela flexibilidade, criatividade e originalidade das ações voluntárias, indispensáveis para a resolução de problemas e, geralmente, empregadas quando uma atividade, mesmo a mais simples, exige uma organização flexível de metas e objetivos intermediários. Entretanto, as funções executivas não são um componente relevante dos primeiros estágios da percepção e dos testes comumente usados para medir o QI. De fato, nesses testes, os objetivos e planos são fixados antecipadamente pelo pesquisador. Uma lesão do lobo frontal causa, geralmente, déficits executivos, mas pode deixar o QI inalterado. Além dos lobos frontais, muitas outras estruturas cerebrais também contribuem para as funções executivas. A literatura neuropsicológica oferece um vasto repertório de testes úteis para avaliar as funções executivas. Entre os mais usados estão: o *Wisconsin Card Sorting Test* (WCST) [Teste Wisconsin dos Cartões]; o teste da Torre de Londres; a cópia de uma figura complexa (a figura de Rey); as provas de fluência verbal; as tarefas *go/no-go*; os testes dos labirintos de Porteus; e o *Object Alternation Test* [Teste de Alternância de Objetos].

Vejamos três que têm sido utilizados em vários estudos sobre pessoas com autismo.

O WCST foi a primeira tarefa usada para avaliar as funções executivas nas pessoas com autismo. Ao sujeito é entregue um maço de cartões diferentes entre si pela cor, número e forma das figuras que contêm (por exemplo, estrelas ou cruzes). Então, pede-se que classifique um por vez sem, porém, saber qual o critério a seguir na classificação. A cada decisão o sujeito é informado sobre o acerto de sua escolha, sem, todavia, fornecer explicações. Quando o sujeito efetuou determinado número de classificações corretas, o critério é mudado sem nenhum aviso. O sujeito deve, pois, abandonar o critério usado até então, gerar uma hipótese de novo critério e procurar uma confirmação no *feedback* dado a suas decisões. O teste é interrompido quando se verifica determinado número preestabelecido de acertos. O desempenho é melhor quando são evitados os erros de persistência, que consistem em seguir um critério mesmo depois de ter sido mudado.

Outro teste frequentemente usado nas investigações sobre as funções executivas nas crianças e nos pacientes com lesão cerebral é o da Torre de Londres. Foi inventado pelo neuropsicólogo Tim Shallice, que modificou o jogo conhecido como Torre de Hanói. Em todas as provas que compõem essa tarefa o sujeito parte de uma situação em que três bolinhas de cores diferentes são introduzidas em três hastes para formar um padrão preestabelecido (por exemplo, na haste à direita há uma bolinha vermelha sobre a azul e na haste central está uma bolinha amarela). O sujeito deve atingir, como no jogo da Torre de Hanói, um padrão final, utilizando o menor número de jogadas e movendo uma bolinha por vez. As primeiras provas são as mais fáceis e demandam somente duas jogadas, enquanto as últimas exigem cinco. A tarefa exige o uso de estratégias novas, nunca utilizadas antes, e por isso é uma boa prova da habilidade de planejamento.

Um terceiro tipo de tarefas úteis para avaliar as funções executivas é o *go/no-go*. O sujeito deve apertar uma tecla quando aparece uma luz vermelha, por exemplo, e não dar nenhuma resposta quando se acende uma de cor diferente. Isso requer um processo de inibição que podemos chamar de "simples". Se o critério for mudado durante a tarefa, como, por exemplo, no início era preciso responder somente à luz vermelha e, em seguida, somente à luz azul, é exigido um deslocamento da atenção e se pressupõe que seja necessário empregar um processo de inibição "forçada" mais trabalhosa do que a inibição "simples". Ao contrário do WCST, nesta tarefa o sujeito é informado da mudança de regra e não é, pois, demandado um processo de geração de hipóteses e verificações. Mas, tanto no WCST quanto nas tarefas *go/no-go*, exige-se o deslocamento flexível para critérios diversos de resposta e a inibição de critérios reforçados precedentemente.

Todas as tarefas de elaboração de informações que exigem a invenção de novas estratégias podem servir para avaliar as funções executivas. As funções executivas nas crianças podem ser avaliadas também com algumas tarefas cognitivas clássicas da pesquisa em psicologia do desenvolvimento, como, por exemplo, as tarefas de conservação, seriação e busca de objetos escondidos. O erro ao procurar um objeto onde tinha sido escondido várias vezes, embora a criança tenha visto que imediatamente antes do teste o objeto foi escondido em outro lugar (erro "a-não b"), é muito frequente no desempenho de crianças de 7-9 meses e revela fracas funções executivas, em particular uma escassa capacidade de inibir uma resposta reforçada.

As funções executivas têm um papel importante na aquisição e no emprego das habilidades sociais. Para se compreender os outros, imaginar seus objetivos, perspectivas, emoções e desejos, temos de deslocar a atenção para além dos nossos estados mentais e situações presentes. Esse processo não exige somente os conceitos psicológicos da teoria da mente, mas também um bom controle dos mecanismos da atenção. As funções executivas promovem o desenvolvimento e contribuem para manter as capacidades sociais manifestadas na vida cotidiana. Segundo alguns autores, podem-se distinguir três estágios no desenvolvimento executivo: até os 6 anos as crianças atingem os níveis de desempenho dos adultos nas tarefas de busca visual e planejamento simples; dos 6 aos 11 anos são atingidas as habilidades semelhantes às dos adultos para as tarefas de planejamento mais complexo; depois dos 11 anos, enfim, são atingidos os níveis adultos nas tarefas que exigem capacidade de verificação de hipóteses e controle da persistência.

As funções executivas das pessoas com autismo

A primeira teoria neuropsicológica do autismo, aventada por Antonio Damásio nos anos 1970, propõe que a rigidez comportamental, os distúrbios de atenção e os comportamentos ritualísticos e compulsivos das crianças com autismo derivam de uma disfunção do córtex frontal e de algumas estruturas subcorticais (os gânglios da base e o tálamo). As anomalias nos lobos frontais de algumas pessoas com autismo foram confirmadas por exames histológicos e por estudos conduzidos com a ressonância magnética. As peculiaridades dos lobos frontais parecem estar associadas a um déficit executivo e essa expectativa é confirmada tanto pelas observações clínicas, quanto nas de laboratório. Os interesses restritos, os comportamentos repetitivos, a aderência inflexível às rotinas familiares, os rituais e a impulsividade são todos aspectos que sugerem um distúrbio das funções executivas.

Nas pesquisas experimentais conduzidas nos Estados Unidos nos anos 1960, a referência aos distúrbios executivos no autismo era feita com a expressão *stimulus overselectivity*, uma "hiperseletividade manifestada na aprendizagem", reagindo somente a certos sinais ou aspectos de um estímulo e ignorando outros mais pertinentes à tarefa. Na Inglaterra, Beate Hermelin e Neil O'Connor, os primeiros psicólogos que investigaram de modo sistemático os processos cognitivos no autismo, salientaram a dificuldade para inibir respostas persistentes e desenvolver novas estratégias de resposta. Nos anos 1980 e 1990 foram publicados vários estudos dedicados às funções executivas no autismo. O teste mais usado nessas pesquisas é o WCST que descrevemos há pouco. Como esse teste é adequado para o exame de pessoas adultas e não de crianças, as primeiras pesquisas examinaram adultos com autismo sem deficiência intelectual. Os resultados registrados são muito claros: a maior parte deles manifestava graves déficits executivos e os erros por persistência eram muito frequentes. Esse resultado é bem interessante se considerarmos que essas pessoas mostravam desempenho médio nos testes de QI. Uma queda seletiva nas funções executivas foi registrada também no caso em que o autismo é acompanhado de deficiência intelectual. O estudo foi conduzido comparando sujeitos com deficiência intelectual equivalente e utilizando uma versão mais fácil do WCST, em que se dizia ao sujeito quando mudar o critério. O déficit seletivo no caso do autismo permanecia não obstante a facilitação. Tarefas computadorizadas muito semelhantes ao WCST foram sistematizadas por James Russell e isso permitiu registrar que o déficit executivo é muito difundido entre crianças com autismo, talvez estando presente em todas com mais de 7 anos de idade. As pesquisas longitudinais (em que os grupos examinados são seguidos no tempo e periodicamente controlados) de Sally Ozonoff mostraram, entretanto, que o déficit executivo é permanente e em alguns sujeitos tende a piorar com a idade.

O déficit executivo também foi estudado por Russell e colaboradores nas crianças pequenas com tarefas adaptadas à idade delas. As crianças se viam diante de duas caixas viradas para baixo. Ambas possuíam uma janelinha voltada para a criança de forma que ela pudesse ver o conteúdo. Sentado no lado oposto da mesa ficava um examinador que não podia ver o conteúdo dos recipientes. Numa delas havia uma bala, a outra estava vazia. Para ganhar a bala, a criança devia indicar a caixa vazia, e perdia se indicava a outra. As crianças com autismo acharam muito difícil adotar essa simples estratégia que demanda a inibição de uma resposta fortemente reforçada: não indicar um objeto desejado para obtê-lo. Uma tarefa adaptada para crianças muito pequenas é a prova de procura de objetos "a-não b" inventada por Jean Piaget. Um objeto interessante é repetidamente escondido sob um pano e pede-se às crianças que o procurem. Depois que a criança procurou e recuperou o objeto por seis vezes consecutivas, o objeto é escondido sob outro pano. A resposta correta, procurar sob o segundo pano, deve, porém, substituir aquela premiada nas seis provas precedentes. A tarefa é adequada para o exame de crianças pequenas e registrou um déficit precoce no desenvolvimento das funções executivas nos casos de autismo.

Existem, porém, dados divergentes sobre a precocidade do déficit executivo. Num estudo recente foram examinadas crianças de até 5 anos de idade com autismo, propondo-lhes oito tarefas executivas, mas em nenhuma delas foram encontradas diferenças significativas em relação ao grupo de controle. O déficit executivo é importante para entender e explicar as dificuldades nas crianças com autismo, mas não parece ser um déficit primário. Ele também é encontrado em muitos outros distúrbios além do autismo. Todavia, poderiam existir tipos diversos de déficits executivos. Devemos, portanto, perguntar quais funções executivas são mais prejudicadas em crianças com autismo e se esse perfil é diferente daquele encontrado em crianças com outros transtornos que não o autismo.

Mais de 400 pesquisas sobre as funções executivas no autismo foram conduzidas e agora temos meta-análises que nos ajudam a resumir os principais resultados. No geral, há um déficit executivo associado ao autismo. Além disso, as dificuldades executivas demonstraram ser um bom preditor do desenvolvimento da teoria da mente e das habilidades de enfrentamento. É importante avaliar as funções executivas em crianças com autismo para fins de prognóstico e de planejamento de intervenções.

As várias habilidades que compõem as funções executivas – a memória de trabalho, as capacidades de inibição, a habilidade de gerar novas soluções – podem ser danificadas de modo relativamente independente. As deficiências na memória de trabalho já foram discutidas anteriormente, na seção sobre memória. Aqui nos concentraremos no deslocamento flexível e nas capacidades de inibição.

Nas tarefas semelhantes ao WCST, as pessoas com autismo superam bem as provas iniciais que exigem capacidade de discriminação, mas não aquelas sucessivas em que fazem muitos erros de persistência. O déficit parece, pois, dizer respeito principalmente à capacidade de deslocar a atenção para a qualidade do estímulo diferente daquelas a que tinham prestado atenção nas provas iniciais. Isso sugere que, entre os três componentes executivos indicados anteriormente, a mais atingida no autismo seja a capacidade de gerar novas soluções. A dificuldade parece residir não tanto na inibição das respostas a todos os estímulos irrelevantes quanto na inibição daquelas voltadas a um aspecto dos estímulos ao qual se respondeu anteriormente com sucesso, e na substituição do critério a ser seguido na resposta.

Um componente importante das funções executivas é a capacidade de manter e desviar voluntariamente a atenção. A capacidade de desviar voluntariamente a atenção foi estudada com várias tarefas. Em casos de autismo, as habilidades de atenção sustentada parecem estar intactas ou, de qualquer forma, menos prejudicadas do que as de atenção seletiva e desvio de atenção. Falando das dificuldades no WCST, já surgiram os problemas em desviar a atenção de um critério para outro. Outros estudos dedicados especificamente aos processos atencionais também indicaram uma desaceleração na capacidade de deslocar a atenção espacialmente e trazer o foco atencional para um local onde aparecerá um estímulo ao qual o sujeito deve responder. Isso demonstra que o desengajamento da atenção é difícil mesmo quando processos de atenção espacial estão envolvidos.

Algumas crianças com autismo demonstram boas capacidades de atenção continuada. Seu perfil de habilidades atencionais parece, pois, sob certos aspectos, o oposto ao das crianças com Transtorno do Déficit de Atenção com Hiperatividade (TDAH), que envolve a capacidade de autocontrole e nas quais é mais atingida a capacidade de atenção continuada. Como já discutido anteriormente, algumas peculiaridades no deslocamento da atenção foram, enfim, registradas em tarefas nas quais era pedido o deslocamento do foco atencional dos detalhes de um estímulo para sua configuração global. Em 2017, em uma meta-análise de 98 estudos de funções executivas no autismo, Lai e colaboradores encontraram uma diferença moderada entre grupos com e sem autismo em todas as funções executivas estudadas e relataram que esses efeitos persistem mesmo após a exclusão de casos de comorbidade com o TDAH. Isso nos permite excluir que os déficits executivos em grupos de pessoas com autismo sejam devidos à associação entre autismo e TDAH.

As explicações psicológicas na era das neurociências

Aqueles que estudam os processos psicológicos no autismo podem ter objetivos diferentes. Alguns se interessam em descrever detalhadamente aspectos que escaparam da observação clínica, focados em comportamentos, para ter um quadro mais completo dos sintomas característicos do fenótipo autista. Outros, em vez disso, tentam investigar as bases psicológicas dos sintomas e das peculiaridades comportamentais autistas para chegar a uma explicação funcional do transtorno, ou seja, uma explicação baseada em diferenças ou dificuldades no processamento de informações. Esse tipo de explicação psicológica complementa as explicações avançadas em nível de estruturas neurais e de outros fatores biológicos, pode auxiliar na pesquisa de bases neurais e é muito útil para orientar o planejamento de intervenções. No entanto, não é difícil encontrar pessoas que consideram as explicações psicológicas funcionais como "explicações falsas" porque "explicam os sintomas com outros sintomas" ou porque "se ocupam apenas dos sintomas e não das causas reais". Essas afirmações revelam uma forma de pensar reducionista segundo a qual as explicações de uma dificuldade, déficit ou distúrbio do desenvolvimento, para serem "explicações verdadeiras", só podem ser formuladas em nível de processos neurobiológicos. Espero que a leitura deste capítulo, promovendo a compreensão dos processos cognitivos no autismo, tenha ajudado a esclarecer por que esse modo de pensar está errado. Para uma discussão aprofundada sobre as limitações e pontos fracos do reducionismo em psicopatologia, também pode ser útil dar uma olhada no artigo de Denny Borsboom e colegas, publicado em 2019, em *Behavioral and Brain Sciences*.

A pesquisa sobre as bases funcionais do autismo pode nos dar explicações causais genuínas. As teorias psicológicas não explicam um sintoma com outro sintoma, mas com hipóteses funcionais sobre as peculiaridades e dificuldades em prestar atenção a certos tipos de informação ou no processamento exigido em determinados contextos. Essa pesquisa parte da observação de alguns sintomas e depois gera hipóteses causais. Procede-se, portanto, elaborando previsões empíricas, por exemplo, indicando em quais tipos de tarefas as pessoas com autismo deveriam encontrar dificuldades específicas. Finalmente, são conduzidos experimentos para testar essas hipóteses. O procedimento lógico e metodológico é, portanto, o mesmo seguido em outras ciências experimentais e, se bem aplicado, dá bons resultados, como os que encontramos publicados em excelentes revistas científicas. As causas psicológicas, isto é, causas de tipo "funcional", não precisam necessariamente ser déficits primários e podem, por sua vez, depender de fatores genéticos ou hormonais, mas isso não diminui seu valor heurístico e sua utilidade na compreensão das dificuldades e talentos das pessoas com autismo. No próximo capítulo, veremos como essas explicações também podem auxiliar na busca de programas eficazes de intervenção.

CAPÍTULO 4
As intervenções

A variedade de procedimentos, técnicas e métodos implementados para a intervenção no autismo é verdadeiramente espantosa. Mais de cinquenta métodos diferentes foram contados em uma revisão de 2008! Muitos tratamentos são inicialmente propostos com certo entusiasmo e difundidos sem qualquer comprovação de sua eficiência. Depois de alguns anos, o entusiasmo diminui, o método é abandonado completamente, ou quase, mas os danos à criança e a sua família já foram feitos: pelo menos tempo e dinheiro foram desperdiçados, reduzindo possíveis oportunidades de aprendizado e desenvolvimento. Há muitos tratamentos propostos para o autismo sem confirmação experimental convincente que ateste sua validade. Entre eles, encontramos dietas sem glúten e sem caseína, administração de substâncias probióticas e antivirais, terapia baseada em substâncias quelantes e suplementos alimentares como vitamina B6, magnésio, ômega-3, administração de testosterona, leite de camela, inserção de ímãs em sapatos, injeção de células-tronco, tratamento com oxigênio hiperbárico, terapia craniossacral, neurofeedback, métodos quiropráticos, terapia com golfinhos ou cavalos, integração senso-motora, comunicação facilitada, terapia da visão, psicoterapia *bonding* [vínculo] e psicoterapia *holding* [sustentação física], hipnose e psicanálise.

Em 2011, o Istituto Superiore di Sanità – ISS [Instituto Nacional de Saúde Italiano] publicou a *Linea guida 21* [Diretriz 21] sobre o tratamento dos Transtornos do Espectro Autista em crianças e adolescentes, um documento muito útil para orientar profissionais e familiares para intervenções com boas evidências de eficácia, evitando se perder na selva de métodos inúteis ou nocivos. Algumas reflexões críticas sobre a *Linea guida 21*, propostas por vários especialistas italianos, podem ser encontradas em um debate promovido pela revista *Psicologia Clinica dello Sviluppo* em 2013. Outros documentos de fundamental importância para a população são as leis relacionadas à proteção dos direitos da pessoa com Transtorno do Espectro Autista (no Brasil, disponível em: https://www.planalto.gov.br/ccivil_03/_ato2011-2014/2012/lei/l12764.htm).

Não existe cura para o autismo. Existem, porém, vários programas e estratégias de intervenção que podem ajudar as pessoas a superar suas dificuldades sociais e comunicativas, a adquirir uma maior autonomia e a alcançar uma boa inclusão escolar, social e laboral. Para os familiares, a escolha de quais intervenções seguir depende de muitos fatores. Antes de tudo, depende das possibilidades oferecidas localmente. Em segundo lugar, depende da avaliação sobre a eficiência delas. A família deve solicitar informações sobre as evidências experimentais existentes para o método de intervenção proposto e deveria receber ajuda para compreender as implicações dessas evidências por um especialista atualizado e competente nos aspectos metodológicos.

Legalmente, no Brasil o diagnóstico pode ser dado tanto pelo médico como pelo psicólogo, mas o mais recomendado é que uma equipe multidisciplinar (composta por um neuropediatra ou psiquiatra infantil, um psicólogo especialista em autismo, um analista do comportamento, um fonoaudiólogo, um terapeuta ocupacional e um psicomotricista) avalie o paciente, considerando suas características e necessidades particulares. Essa equipe, que diagnostica e realiza as intervenções, pode desempenhar um papel crucial em ajudar a família a fazer uma escolha informada, seguindo os princípios da ciência baseada em evidências.

Como se avalia a eficiência de uma intervenção

Ainda não existem estudos que permitam avaliar muitas das intervenções propostas para as pessoas com autismo. Para outros tratamentos, existem apenas alguns estudos, e raramente são estudos de alta qualidade. A realização de bons estudos para avaliação de um tratamento é muito difícil devido a várias questões metodológicas e práticas, inclusive a disponibilidade dos recursos financeiros necessários. Mas quais são os requisitos de um estudo bem conduzido? O assunto requer muitas noções especializadas que dificilmente seriam tratadas adequadamente neste livro; limito-me, por isso, a indicar quatro princípios fundamentais.

1. *Perguntas precisas*. Uma questão só pode receber uma resposta satisfatória se for bem colocada, isto é, se for suficientemente clara. Uma pesquisa, por exemplo, pode tentar decidir se o tratamento "x" é eficiente, em geral, para crianças com autismo, independentemente de seu nível de funcionamento mental, ou pode tentar entender para quais crianças é mais adequado ou mesmo em quais áreas e habilidades um tratamento produz efeitos. O objetivo principal de outro estudo pode ser comparar duas intervenções diferentes e estabelecer qual delas é mais eficaz, ou tentar entender para quais aspectos disfuncionais uma intervenção é particularmente apropriada. Os tipos de desenho experimental, de medições previstas e de análises estatísticas necessárias dependem das questões colocadas. Portanto, se as questões não forem claras no início, dificilmente as escolhas metodológicas serão adequadas.

2. *Respeito pelos condicionalismos éticos*. A lógica da demonstração científica pode tornar atraente uma pesquisa que, do ponto de vista ético, é repugnante e

inaceitável. Os ensaios devem obedecer às condicionantes estabelecidas pelos comitês de ética de universidades, de assistência social e de saúde e devem ser aprovados por esses comitês. Aqui é útil destacar imediatamente dois requisitos éticos: a) informação e consentimento: os participantes (ou, se forem menores, quem deles se encarregar) devem ser informados sobre os objetivos e as características do estudo e devem ter dado livremente, de preferência por escrito e após terem sido devidamente informados, o seu consentimento; b) não nocividade: este é um argumento crucial porque pode entrar em conflito com outros requisitos metodológicos. Por exemplo, a demonstração da eficácia de um tratamento, em muitas pesquisas, envolve a comparação entre dois grupos: um experimental, que recebe o tratamento em estudo, e um grupo controle, que preferencialmente recebe um tratamento diferente. A presença de grupos de controle muitas vezes é crucial para entender se as mudanças observadas após um tratamento são realmente devidas ao próprio tratamento ou a outros fatores externos, como crescimento, experiência, atenção recebida etc. Não administrar qualquer tratamento, como acontece no caso de testes em animais, pode, no entanto, ir contra a exigência de seguir procedimentos não nocivos.

3. *Objetividade das avaliações pré-teste e pós-teste.* Qualquer boa avaliação da eficiência de um tratamento deve incluir uma medida da gravidade do autismo e do funcionamento mental antes do tratamento (pré-teste); uma segunda medida imediatamente após (primeiro pós-teste); e, de preferência, uma terceira algum tempo após o fim do tratamento (segundo pós-teste). Este último teste serve para avaliar a estabilidade dos resultados alcançados. As avaliações devem ser realizadas da forma mais objetiva possível, ou seja, independentemente de crenças, hipóteses, interesses, expectativas e temores de

quem as realiza. Nas melhores pesquisas, essa objetividade é perseguida de várias maneiras. Em primeiro lugar, os avaliadores devem ser totalmente imparciais e, para garantir isso, é utilizado o chamado *design* "duplo cego": os avaliadores examinam os sujeitos, tanto no pré-teste quanto no pós-teste, sem saber a qual grupo, experimental ou de controle, eles pertencem. Os próprios sujeitos não devem saber seu grupo, porque suas expectativas podem influenciar os resultados. É claro que este último requisito é difícil de alcançar na avaliação da eficiência de tratamentos psicoeducativos ou psicoterapêuticos. Também fica claro que se quem faz as avaliações pré e pós-teste souber a que grupo os sujeitos pertencem, e talvez até se comprometendo pessoalmente em promover determinado tipo de tratamento, dificilmente suas avaliações serão imparciais.

4. *Atribuição aleatória de sujeitos a grupos.* Este princípio é de fundamental importância para excluir que as alterações observadas ao final de uma intervenção sejam devidas a fatores que não foram adequadamente controlados. Digamos que conseguimos criar grupos homogêneos para habilidades mentais gerais. Muito provavelmente existem outros fatores além daqueles para os quais uma medição é considerada, mas que, no entanto, poderiam teoricamente influenciar o resultado do experimento. Por exemplo, alguns sujeitos poderiam viver em situações familiares calmas e estimulantes, outros em situações desconfortáveis e estressantes, mas o projeto não prevê o uso de ferramentas para garantir que os dois grupos, o experimental e o de controle, sejam homogêneos nesse aspecto. A atribuição aleatória dos sujeitos aos dois grupos permite supor que as muitas variáveis não medidas estão distribuídas homogeneamente nos dois grupos e, portanto, excluir explicações *ad hoc* baseadas nessas variáveis.

As intervenções farmacológicas

A maioria das pessoas com autismo toma medicamentos e é importante perguntar-se quais são os possíveis benefícios ou riscos. Somente profissionais da saúde que realizam intervenções em pessoas com TEA podem recomendar o uso de medicamentos que, no Brasil, precisam ter sido aprovados pela Anvisa – Agência Nacional de Vigilância Sanitária.

Trabalhos recentes, como o de 2019 de Lindsey Mooney e colaboradores, oferecem uma visão mais atualizada. Muitos estudos foram conduzidos sobre os efeitos de vários medicamentos que atuariam em áreas prejudicadas no autismo, como a interação social, a comunicação e a imaginação, mediante a alteração do sistema serotoninérgico ou do sistema disfuncional. Ensaios iniciais deram resultados promissores, mas não se sustentaram nos ensaios subsequentes, conduzidos com métodos mais rigorosos, nos quais não foi demonstrada superioridade estatisticamente significativa sobre o placebo para nenhum dos medicamentos.

Até o momento, não foi demonstrada a eficácia de medicamentos no tratamento dos sintomas centrais do autismo. Dito de forma mais direta e concisa: não existe medicamento que "cure" o autismo. No entanto, alguns efeitos benéficos foram obtidos no tratamento de algumas categorias de sintomas frequentemente associados ao autismo, como irritabilidade, distúrbios do sono, comportamentos de autoagressão, explosões de raiva, distúrbios de atenção, fixações obsessivas e ansiedade. Infelizmente, a maioria dos medicamentos testados pode apresentar efeitos colaterais indesejáveis que devem ser cuidadosamente levados em consideração. Alguns dos medicamentos examinados às vezes causam efeitos colaterais graves, que podem cessar ou podem se tornar irreversíveis, como no caso de movimentos involuntários da boca e dos lábios. Alguns medicamentos são potencialmente epileptogênicos e isso deve ser lembrado para uma categoria de pacientes que tem predisposição à epilepsia. O efeito paradoxal produzido por alguns medicamentos – o agravamento dos sintomas para os quais o medicamento é prescrito, excepcional em outras categorias de pacientes – é bastante frequente e pode se manter ao longo do tempo.

Embora atualmente não existam medicamentos capazes de atingir os principais sintomas típicos do autismo, existem medicamentos que podem mitigar sintomas perturbadores como agressão, agitação e obsessões. Alguns dos medicamentos que se mostraram eficazes nesse sentido e que são amplamente utilizados na prática clínica pertencem à classe dos neurolépticos. Na equipe que acompanha a criança com autismo, é desejável que exista pelo menos um médico especialista nessa área que, dada a grande heterogeneidade interindividual que se verifica no autismo, tenha em conta as peculiaridades de cada indivíduo ao escolher o medicamento. Os responsáveis pelo cuidado da criança devem ser informados dos sintomas para os quais o medicamento é prescrito, das contraindicações, e devem poder contar com consultas frequentes com o médico para avaliar seus efeitos e possível descontinuidade com base em considerações racionais sobre desvantagens, efeitos colaterais indesejados e benefícios da terapia.

Intervenções psicoeducativas e cognitivo-comportamentais

Alguns tratamentos psicoeducativos demonstraram ser eficazes na redução dos sintomas centrais do autismo. Isso é demonstrado por várias pesquisas experimentais de bom nível. Essas intervenções podem concentrar-se em domínios e áreas específicas ou podem ser generalizadas, de natureza mais global e dirigidas a uma variedade de competências e habilidades. Em ambos os casos, porém, as atividades oferecidas a crianças e jovens se baseiam na estreita colaboração entre família, escola e serviços de assistência social e de saúde. Superadas as injustas acusações contra os pais, que no passado derivavam da teoria psicogênica, felizmente as "remoções da família para fins terapêuticos" não ocorrem mais e a família agora é vista por médicos e psicólogos como um importante recurso, tanto na fase diagnóstica quanto na reabilitação. Por esse motivo, sempre que as condições o permitam, psicólogos clínicos e neuropsiquiatras atuam em colaboração com a família, os professores, fonoaudiólogos e outros profissionais dos serviços sociais e de saúde no desenvolvimento e implementação de programas de intervenção.

A intervenção deve ser precedida de uma profunda avaliação das condições da criança em âmbito médico, psicológico e comportamental, o que inclui exames para:

- as condições médicas gerais, a presença de eventuais dores e doenças físicas;
- as funções perceptivas e as habilidades motoras;
- as deficiências intelectuais ou o atraso evolutivo generalizado;
- as funções executivas;
- as competências linguísticas de expressão e compreensão;
- as habilidades sociais, de comunicação e de adaptação.

Esses exames demandam muito tempo e devem ser realizados por médicos, psicólogos e fonoaudiólogos capacitados no uso de instrumentos objetivos e padronizados, como a Escala de Inteligência Wechsler para

Crianças (*Wechsler Intelligence Scale for Children* – WISC) e a Escala Leiter de Inteligência, utilizadas para estimar a idade mental e o QI; o Teste de Vocabulário por Imagens Peabody; o Teste Wisconsin de Classificação de Cartas (*Wisconsin Card Sorting Test* – WCST); e as Escalas Vineland de Comportamento Adaptativo (*Vineland Adaptative Behavior Scales*). Felizmente, existem muitas clínicas de neuropsiquiatria infantil que podem oferecer esse serviço.

Em algumas crianças com autismo, os comportamentos autolesivos costumam estar ligados à presença de doenças e complicações médicas, como infecções nas vias urinárias ou nos ouvidos, hérnias, fraturas dos membros, deterioração neural progressiva ou tratamentos farmacológicos errados. Por isso, antes de iniciar qualquer intervenção de tipo psicológico ou psicoeducativo é preciso certificar-se, mediante um exame médico, se não existem dores ou doenças físicas.

O tipo de intervenção mais adequado dependerá em grande parte do nível demonstrado das capacidades cognitivas, linguísticas e sociais. Para avaliar as competências linguísticas e cognitivas há ótimos testes padronizados disponíveis, isto é, testes para os quais existem dados normativos relativos à população sem transtornos do desenvolvimento. Para a avaliação objetiva das competências comunicativas e sociais, a escolha é mais limitada. O uso de instrumentos objetivos de avaliação, como os testes padronizados, não só permite programar mais racionalmente as intervenções, mas também torna mais exata a avaliação dos progressos obtidos pela criança no decurso da intervenção. Um dos requisitos necessários para um tratamento bem programado é, pois, uma boa avaliação inicial que se valha também de instrumentos para estabelecer a gravidade dos sintomas autistas.

É aconselhável desconfiar de qualquer técnica que seja proposta como uma panaceia para todas as crianças com autismo. Dada a grande variabilidade individual, seja a escolha de técnica, seja o tipo particular de realização de certa atividade, não se pode prescindir de uma avaliação cuidadosa das capacidades preservadas, dos comportamentos problemáticos, dos déficits e do nível intelectual geral da criança. É muito improvável que um mesmo tratamento seja válido tanto para crianças com grave atraso cognitivo e de linguagem quanto para aquelas "de alto funcionamento", isto é, sem déficit intelectual e linguístico. Vejamos então algumas técnicas de intervenção que são usadas atualmente. Em virtude do caráter introdutório deste livro, o que se segue não é certamente um exame de todos os tipos de intervenção nem uma relação completa deles. É mais um convite para o aprofundamento do assunto, valendo-se também dos testes sugeridos na seção "Para saber mais" e dos cursos introdutórios sobre algumas técnicas oferecidas por vários institutos.

Análise Comportamental Aplicada

Os programas de Análise Comportamental Aplicada (conhecida por sua sigla em inglês ABA – Applied Behavior Analysis) estão entre aqueles que receberam mais confirmação de pesquisas sobre a eficácia no tratamento do autismo. Esses programas, também chamados de método Lovaas, nome de seu inventor, aproveitam as capacidades de aprendizagem baseadas nos processos de associação, condicionamento, extinção da resposta e imitação. A terapia comportamental se inicia com um exame das condutas da criança que procura responder às seguintes perguntas:

- em quais condições aparecem os comportamentos desajustados?

- é possível mudar alguns aspectos do ambiente em que vive a criança de forma a reduzir-lhes a frequência?
- quais habilidades da criança podem ser utilizadas para ajudá-la a aprender outras?

Essas perguntas são feitas tanto no início do tratamento quanto no decorrer da intervenção. Com base nas respostas formuladas, o terapeuta pode também decidir mudar o programa estabelecido no início. A intervenção de tipo comportamental identifica uma série de objetivos que se pretende atingir para aumentar a autonomia e a adaptação da pessoa. Os objetivos dizem respeito à aprendizagem de novas capacidades e à eliminação de comportamentos inadequados.

A hierarquia de prioridade entre os objetivos deve ser estabelecida levando em conta as características individuais de cada sujeito. Em geral, dá-se prioridade aos objetivos que dizem respeito à eliminação de comportamentos que constituam grave perigo para a incolumidade da criança e que lhe limitam drasticamente a autonomia e o acesso a situações de aprendizagem. Esse princípio pode levar a se concentrar no início aos aspectos que não fazem parte da tríade sintomática do autismo, como as condutas autolesivas. Ou seja, tendo que decidir entre iniciar com ações de intervenção para reduzir atividades estereotipadas ou comportamentos autolesivos, geralmente dá-se prioridade a estes últimos por motivos óbvios de segurança. A intervenção inicial, portanto, pode não ter o objetivo de reduzir os sintomas do autismo da criança, mas aumentar de modo geral sua adaptação ou reduzir suas dificuldades.

No caso de crianças pequenas ou com grave atraso, a hierarquia de prioridade dos objetivos é discutida e decidida com a família, enquanto as pessoas adultas e sem graves deficiências intelectuais a ajustam com o terapeuta. As pessoas com autismo sem deficiência intelectual costumam ter consciência de seu distúrbio na esfera social e da comunicação, como testemunham seus relatos autobiográficos.

A análise de comportamentos desadaptativos revelou que eles às vezes desempenham importantes funções. Para alguns, um comportamento autolesivo pode ter o objetivo de atrair a atenção de um adulto, realizar uma ação desejada ou impedir um evento estressante. Infelizmente para se conseguir identificar de forma objetiva qual a função exercida por determinado comportamento, é necessário um enorme trabalho de registro e análise de dados envolvendo muitos profissionais. O prêmio para esse enorme trabalho é que, uma vez identificado o objetivo de um comportamento desadaptativo, pode-se tentar ensinar à criança os meios mais adequados para atingir o mesmo objetivo. Se a criança aprende esses meios alternativos, o comportamento desadaptativo diminui drasticamente.

A identificação dos comportamentos desadaptativos pode ser facilitada por fichas de avaliação adequadas. A família pode se sentir aliviada quando descobre quais funções exercem alguns dos comportamentos mais irritantes ou perigosos de seus filhos. A família é, portanto, guiada pelo terapeuta para identificar as funções de certo comportamento e os eventos que podem constituir um prêmio para a criança. Esses conhecimentos são posteriormente explorados na programação de atividades educativas. Existem algumas pesquisas experimentais sobre técnicas comportamentais que deram resultados muito promissores. Nas experimentações sobre a eficácia das intervenções comportamentais intensivas verificou-se, porém, que nem todos os sujeitos conseguiam se beneficiar igualmente. Os melhores resultados foram conseguidos pelas pessoas com QI mais alto e que não tinham manifestado graves déficits linguísticos na primeira infância. A presença do déficit linguístico parece, por isso, uma característica importante para o prognóstico do decurso do distúrbio e das respostas às técnicas de intervenção.

Modelo Denver de Intervenção Precoce

Outro programa no qual foram conduzidas pesquisas experimentais muito boas é o Modelo Denver de Intervenção Precoce (*Early Start Denver Model* – ESDM). Trata-se de um método de intervenção naturalista, evolutivo e comportamental, ou seja, um método em que as atividades são realizadas em ambientes familiares, mantendo uma atmosfera lúdica, e é definido como "evolutivo" porque existe uma atenção constante à sequência de fases evolutivas que se procura alcançar, respeitando uma progressão natural na aquisição de competências. Em um estudo publicado por Geraldine Dawson e colaboradores, em 2010, na revista *Pediatrics*, um grupo de crianças com autismo recebeu tratamento por duas horas pela manhã e duas horas à tarde, cinco dias por semana, durante dois anos. A intervenção incluiu a instrução dos familiares (*parent training*).

O ESDM utiliza estratégias de ensino centradas na comunicação verbal e não verbal, na interação interpessoal caracterizada pelo afeto positivo, no envolvimento em atividades diárias e na partilha de material lúdico e didático. As estratégias de ensino são orientadas por um currículo evolutivo e baseadas nos princípios da ABA. O grupo de controle consistia em crianças com autismo, cujas famílias receberam informações úteis para buscar um tratamento alternativo ao ESDM, explorando as creches e escolas de Educação Infantil existentes na região. Essas crianças também foram, portanto, capazes de aproveitar as intervenções oferecidas para o autismo por muitas horas por semana durante os dois anos do estudo, aproximadamente nove horas de terapia individual e nove de terapia de grupo por semana. Em avaliações de acompanhamento realizadas após um e dois anos, foram encontradas melhoras em muitas áreas, desde habilidades sociais e de comunicação até autonomia, que excediam significativamente as observadas no grupo de controle. ESDM e ABA estão entre os métodos que receberam boas confirmações experimentais.

O método TEACCH

O Tratamento e Educação para Crianças com Autismo e Déficits Relacionados com a Comunicação (do inglês *Treatment and Education of Autistic and Related Communication Handicapped Children* – TEACCH), recebeu várias confirmações empíricas, mas muitas vezes esses estudos não são de um padrão excelente. Os criadores desse programa às vezes preferem defini-lo como uma "filosofia de intervenção" em vez de um método. Inicialmente o TEACCH se inspirava preferencialmente nas teorias comportamentais clássicas, mas nos últimos anos englobou outras noções e princípios derivados das mais recentes teorias cognitivas e da experiência do trabalho desenvolvido com crianças com autismo. Esse programa de intervenção não é caracterizado como uma técnica especial, mas um método de organização dos serviços oferecidos às crianças com autismo, segundo alguns princípios. O programa foi desenvolvido por Eric Schopler, Gary Mesibov e seus colaboradores na Carolina do Norte (EUA), local em que esse tipo de intervenção é oferecido pelo Estado. Em outros países a intervenção TEACCH é oferecida em escolas e instituições privadas. Entre os princípios seguidos pelo TEACCH está a estreita colaboração entre profissionais, família e educadores e a coordenação entre as atividades desenvolvidas em casa e as desenvolvidas nas instituições exclusivas para as crianças com autismo. São bastante valorizados os auxílios visuais e não verbais apoiados pelos verbais, a fim de garantir uma transmissão otimizada de informações.

As informações são frequentemente transmitidas através de figuras e fotografias que a criança pode manipular ou observar coladas na parede. Um exemplo concreto é o dos programas de atividades diárias que combinam palavras, números e figuras. O TEACCH salienta a importância de se documentar de forma objetiva, através de escalas de avaliação, os progressos conseguidos pela criança no âmbito social, lúdico e comunicativo. As crianças são habituadas a desenvolver diversos tipos de atividades em diferentes salas, ou partes de uma mesma sala diferenciadas por cores, a fim de facilitar sua concentração e limitar ansiedades decorrentes de mudanças imprevisíveis. Ao visitar o Centro Teacch de Chapel Hill, na Carolina do Norte, pude apreciar a disponibilidade de tornar públicas todas as suas atividades de diagnóstico e de intervenção, a cordialidade de todas as pessoas que compunham o quadro de pessoal, seu espírito de colaboração e entusiasmo. Parte do sucesso do programa parece derivar da atenção constante que os fundadores têm tido para com os progressos da pesquisa científica, como testemunham os congressos que anualmente acontecem em Chapel Hill e os livros organizados por Schopler e Mesibov.

Intervenções psicoeducativas e cognitivo-comportamentais focalizadas

Intervenções psicoeducativas focalizadas são muitas vezes inspiradas por técnicas de reabilitação neuropsicológica e, por isso, costumam ser orientadas por um modelo teórico de processos mentais e se propõem a exercitar um componente específico do sistema cognitivo. Para esse tipo de intervenção também existem algumas confirmações experimentais. A experimentação diz respeito às intervenções cognitivas que procuraram desenvolver a teoria da mente, ou, de modo mais específico, as capacidades de reconhecimento e compreensão das emoções e o raciocínio dos estados mentais.

Essas intervenções seguem os princípios das técnicas de reabilitação neuropsicológica; em especial, procuram identificar uma hierarquia de níveis de funcionamento e propõem exercícios para cada nível com o escopo de promover o progresso das competências do paciente. Por exemplo, um primeiro nível de competência relativo ao domínio das emoções é fixado na capacidade de reconhecer as emoções básicas; um nível sucessivo prevê o conhecimento da relação que existe entre emoções e determinados eventos que, normalmente, produzem certo tipo de estados emocionais (felicidade, tristeza, medo etc.); um nível seguinte demanda compreensão do papel do desejo na produção de estados emocionais; e outro nível, ainda mais avançado, considera a interação entre desejos, estados cognoscitivos e eventos externos.

Os limites dessas técnicas encontrados até agora dizem respeito em primeiro lugar a generalizações, um problema que surge quando os conhecimentos ou habilidades adquiridos devem ser utilizados em contextos diversos daqueles da fase de aprendizagem. Para facilitar a generalização das habilidades, ou pelo menos seu uso na vida cotidiana, poderia ser útil ensinar as competências conceituais centrais para a teoria da mente em contextos familiares, envolvendo também a família e colegas de escola nessas atividades.

Psicoterapia e outras intervenções controversas

Psicoterapia e psicanálise

Por muitos anos, os genitores das crianças com autismo foram aconselhados a envolver seus filhos, e às vezes eles próprios, em atividades psicoterapêuticas tradicionais, como as de orientação psicanalítica ou, mais recentemente, as de orientação sistêmica. Essas atividades eram vistas por muitos profissionais como uma "cura" para o autismo, por procurar chegar à raiz do transtorno. Dado o conhecimento atual sobre as causas biológicas e as principais características do fenótipo cognitivo autista, esta perspectiva é agora difícil de defender. Existe o perigo de dificultar o empenho em atividades psicoeducativas, que sabidamente têm efeitos positivos no desenvolvimento da criança. No entanto, deve ficar claro que não se pode dizer que qualquer atividade psicoterapêutica realizada com pessoas com autismo ou com seus familiares seja necessariamente inútil. Em pessoas com autismo, particularmente aquelas de alto funcionamento, e em seus familiares, a depressão ou a ansiedade são muito frequentes e muitas vezes são acompanhadas por uma consciência das dificuldades e limitações associadas ao autismo. Esses estados emocionais dolorosos geralmente podem ser aliviados por uma boa psicoterapia. O importante é esclarecer que essas intervenções não são uma *cura* para o autismo, mas sim uma *ajuda* para diminuir os sentimentos de desconforto e enfrentar os desafios diários de forma mais serena e positiva.

A comunicação facilitada

É uma intervenção que se baseia no ensino de formas de comunicação alternativas à verbal. No caso mais típico, ensina-se à criança a escrever suas mensagens usando o teclado de um computador. O professor, chamado de "facilitador", no início da intervenção segura a mão da criança e, depois, no curso das sessões seguintes, desloca progressivamente sua mão para o braço e o ombro da criança. Essa intervenção nos anos 1980 foi objeto de grande entusiasmo, primeiro na Austrália e nos Estados Unidos, e depois também em vários países europeus, entre os quais a França, o Reino Unido e a Itália. A esse entusiasmo seguiram-se acaloradas discussões e numerosas experimentações, conduzidas principalmente nos Estados Unidos. As primeiras pesquisas experimentais foram realizadas depois que as alegações de abuso sexual por parte dos genitores surgiram nos escritos de algumas crianças e os tribunais solicitaram evidências sobre a confiabilidade dessas alegações. Muitos estudos experimentais mostraram, então, que aquilo que é escrito durante as sessões de comunicação facilitada é influenciado, presumivelmente de modo involuntário, pelo facilitador.

Tive oportunidade de testemunhar uma situação em que um facilitador tinha claramente influenciado uma criança, mas não parecia ter-se dado conta do fato. Eu participava de um seminário sobre autismo na Itália, ao qual tinha sido convidada uma especialista francesa de comunicação facilitada. A certa altura decidiu-se fazer uma demonstração da técnica experimentando-a numa criança que estivesse presente entre o público. A menina era afetada pela síndrome de Rett – um grave distúrbio congênito observado somente no sexo feminino e associado à microcefalia – e apresentava uma severa deficiência intelectual e ausência de linguagem expressiva. Segurando a mão da menina, a facilitadora a ajudou a escrever muitas frases no teclado de um computador portátil. Nessas frases a menina usava sentenças complexas e um rico vocabulário. O texto escrito foi salvo na memória do computador e, depois da intervenção, pudemos relê-lo atentamente. Embora a menina, durante toda a sua vida, tivesse vivido na Itália, educada por pais que falavam somente italiano, as frases haviam sido escritas em ótimo francês.

Isso, naturalmente, é apenas uma anedota que não deveria servir de base para julgar uma técnica, cuja avaliação deve basear-se em rigorosas pesquisas experimentais. Mas pesquisas rigorosas foram realizadas já na década de 1990, com resultados gerais muito negativos para a comunicação facilitada. No entanto, nem todos os defensores desse tipo de intervenção a abandonaram. Alguns continuaram a praticá-lo, talvez mudando de nome, e criticaram os experimentos realizados em laboratório, afirmando que na situação de teste a criança não encontra as condições ideais para manifestar suas habilidades. A evidência disponível foi avaliada em várias revisões em inglês e também em uma revisão em italiano publicada na revista *Psicologia Clinica dello Sviluppo*, em 2008. Esses dados descartaram as alegações de abuso parental e levaram várias associações profissionais, incluindo a American Speech-Language--Hearing Association (Asha), a desaconselhar o uso de comunicação facilitada como tratamento para o autismo, por ser potencialmente prejudicial. O Istituto Superiore di Sanità italiano também chegou às mesmas conclusões.

Treinamento de integração auditiva e Patterning

Esse tipo de intervenção foi desenvolvido partindo--se da hipótese de que as crianças com autismo possuem uma percepção auditiva anômala caracterizada por hipersensibilidade a certas frequências sonoras. A intervenção consiste na audição de gravações que contenham sons modulados eletronicamente. Permanecem controversas tanto a necessidade desses sons particulares quanto a afirmação de que a hipersensibilidade auditiva é um prognóstico significativo do sucesso obtido com a integração auditiva. Os dados à disposição não permitem uma clara avaliação de quais benefícios podem ser obtidos com essa intervenção e de como decidir quais as crianças que mais provavelmente poderiam tirar proveito dela.

Outro método chamado de *Patterning* [Padronização] ou também Método Delacato, nome de seu inventor, consiste em várias atividades que deveriam promover o uso de diferentes canais sensoriais. A suposição subjacente a esse tratamento é que tais atividades promovam o desenvolvimento e a ativação de estruturas neurais e circuitos cerebrais que as crianças com autismo não usam suficientemente. Faltam evidências experimentais para apoiar essa afirmação.

Musicoterapia

O aprendizado de um instrumento musical e o envolvimento em outras atividades ligadas à produção e audição de música têm efeitos positivos em muitas crianças com déficits sensoriais e distúrbios do desenvolvimento, inclusive as crianças com autismo. Para algumas crianças, essas atividades constituem uma ocasião para exercitar as capacidades perceptivas, emocionais, comunicativas e sociais. Para muitas crianças, as atividades musicais possuem um efeito calmante ou induzem o bom humor, o que facilita a interação e as atividades comunicacionais. Além disso, para uma minoria de crianças com autismo, são fonte de grande satisfação porque tais crianças são particularmente dotadas de capacidades de discriminação de notas e melodias, e algumas até possuem um *ouvido absoluto*, isto é, a capacidade de identificar uma nota isolada sem nenhum auxílio externo. Alguns estudos, como o de Seyyed Nabiollah Ghasemtabar e colegas, publicado em 2015 na *Advanced Biomedical Research*, relatam melhorias significativas nas habilidades sociais após a intervenção de musicoterapia. Outros, como o de Łucja Bieleninik e colegas, publicado no *Jama – Journal of the American Medical Association* em 2017, relatam dados menos positivos. Definitivamente, há necessidade de conduzir mais estudos experimentais para documentar melhor a eficácia da musicoterapia como intervenção eficaz para o autismo.

Terapias com animais (animais de estimação, cavalos, golfinhos)

Essas intervenções propõem a interação entre a criança e um animal que vive em casa ou pode ser encontrado em centros especializados nos quais as sessões são orientadas por um terapeuta. Também essas atividades, quando são relaxantes e prazerosas, podem proporcionar um contexto adequado para aprender e exercitar as capacidades de interação social, mas não há muitos estudos que demonstrem sua eficácia na redução dos sintomas centrais do autismo.

Escolas especiais

Nos países anglófonos e no Japão há várias escolas especiais que oferecem intervenções para o autismo. Por exemplo, as escolas que seguem a pedagogia Waldorf, conforme os ensinamentos de Rudolph Steiner, e dão particular importância às atividades colaborativas e ao contato com a natureza. Ou então as inspiradas nos princípios indicados por Kiyo Kitahara, que propõem uma *Daily Life Therapy* (Terapia do Cotidiano) baseada numa intensa atividade física que, de acordo com o que nos dizem os gestores dessas escolas, ajuda a criança a relaxar, melhorando sua adaptação e inclusão em situações sociais normalmente vividas como estressantes e desagradáveis.

Os problemas ligados à integração escolar serão discutidos posteriormente.

Reduzir a agressividade e a autolesão

Os programas de aprendizagem utilizam a análise funcional e o ensino de habilidades substitutivas, isto é, habilidades que permitem à criança atingir os mesmos objetivos alcançados com os comportamentos autolesivos ou agressivos de forma menos desajustada. O objetivo desses comportamentos por vezes é a fuga de situações indesejadas ou a busca de atenção por parte de um adulto. No primeiro caso, uma mudança ainda que pequena no ambiente é capaz de reduzir sua frequência. Por exemplo, podem-se proporcionar maiores oportunidades de escolha. À criança que exige atenção através de comportamentos autolesivos ou agressivos são ensinados meios mais apropriados para atrair a atenção. Os comportamentos desadaptados dos adultos no ambiente de trabalho podem ser reduzidos aumentando-se a frequência dos intervalos de descanso e a previsibilidade dos eventos no decurso da jornada. Por isso são muito úteis as programações prévias, em que são indicadas claramente o local e o horário em que serão desenvolvidas as várias atividades.

Alguns importantes defensores da intervenção comportamental afirmavam que seus pacientes mostravam grandes progressos se iniciavam o tratamento precocemente, entre os 2 e os 4 anos de idade, e o seguiam de modo intensivo. Num estudo de Lovaas, conduzido sete anos depois de efetuada a intervenção, quase metade dos pacientes demonstrava um funcionamento intelectual dentro da norma. A euforia que deveria gerar tal afirmação foi atenuada por várias considerações. A primeira diz respeito ao que se entende por intervenção intensiva: as atividades previstas incluíam cerca de quarenta horas semanais, um empenho a que poucas famílias podem se permitir. A segunda consideração diz respeito ao que entendemos por "funcionamento intelectual normal". No estudo de Lovaas a normalidade do funcionamento intelectual era avaliada através dos clássicos testes de inteligência. Esses testes possuem um alto valor de previsão do sucesso escolar, mas não constituem um instrumento adequado para avaliar a integridade de todas as funções mentais. Os pacientes com lesões cerebrais frontais, embora apresentando graves déficits nas capacidades de planejamento, podem, todavia, obter pontuações de QI dentro da norma. Além disso, esses testes são claramente pouco adequados para avaliar se são reduzidas as dificuldades típicas do espectro autista. Cerca de 50% das crianças com autismo não manifestam deficiência intelectual e, não obstante, podem manifestar graves dificuldades sociais e comunicativas. Fica, então, evidente que, embora às vezes seja necessário dar prioridade ao tratamento dos comportamentos autolesivos ou agressivos, uma intervenção voltada para minimizar as dificuldades do autismo deve também incluir atividades especificamente direcionadas a melhorar os aspectos centrais do autismo: os limites na comunicação, nas relações sociais e no repertório de atividades.

Intervenções sobre as capacidades linguísticas e comunicativas

Temple Grandin é uma famosa professora universitária americana que conduz brilhantes pesquisas sobre a criação de bovinos. Grandin foi diagnosticada com autismo desde pequena e afirma que recebeu um auxílio fundamental na infância, não tanto das atividades de psicoterapia, mas especialmente de atividades reabilitadoras desenvolvidas por uma fonoaudióloga. Algumas intervenções fonoaudiológicas podem inspirar-se em regras e concepções associacionistas e técnicas comportamentais. Outras levam em consideração o fato de que as crianças não aprendem as regras gramaticais por efeito de condicionamentos clássicos ou operativos, e a rápida aquisição de regras gramaticais nos faz pensar no papel dos mecanismos especializados.

No desenvolvimento lexical parecem atuar raciocínios sobre os estados mentais, bem como as intenções das pessoas adultas com as quais a criança aprende a língua. Todas as crianças com desenvolvimento típico, mesmo aquelas sem particulares dotes intelectuais e criadas em ambientes carentes, aprendem em poucos anos o significado de milhares de palavras. O ensino de códigos linguísticos não deve ater-se rigidamente aos princípios de condicionamento porque é improvável que eles possuam um papel central na aprendizagem linguística, tanto nas crianças com desenvolvimento típico quanto naquelas com autismo.

O ensino do léxico deveria se iniciar com os vocábulos que têm maior utilidade para as atividades cotidianas da criança e para as quais será mais fácil encontrar um interesse espontâneo. Para facilitar sua aprendizagem não é necessário recorrer a prêmios; ao contrário, a administração de presumidos "reforços positivos", segundo alguns estudos, pode criar obstáculos em vez de favorecer a aquisição das palavras. As crianças aprendem as palavras novas utilizando vários indicadores contextuais verbais e não verbais. Entre os indicadores verbais estão as informações sintáticas. Por exemplo, se nos dizem que o gato do vizinho é muito "petulante", podemos ficar perplexos, incapazes por um instante de entender exatamente o que quer dizer a nova palavra, mas tendemos logo para a hipótese de que a nova palavra se refere a uma qualidade do gato e não ao local onde ele está, à categoria a que pertence no reino animal ou às ações que esteja praticando naquele momento. Para gerar essa hipótese, tanto os adultos como as crianças de 3 anos de idade se baseiam em dois fatos: a palavra foi apresentada na posição e na forma típicas de um adjetivo e existe uma correlação muito alta, se bem que não perfeita, entre categorias sintáticas e categorias semânticas. Esperamos que os adjetivos exprimam qualidades, os substantivos comuns indiquem tipos de objetos, os nomes próprios existam para indivíduos particulares e os verbos codifiquem as ações.

A correspondência nome-objeto, verbo-ação, adjetivo-qualidade, isto é, a correspondência entre categorias sintáticas e semânticas não é perfeita; de fato, "raio", um substantivo comum, indica um evento (uma descarga elétrica), não um objeto; "dormir" se refere a um estado mental, não a uma ação. Mas a correlação é tal que pode orientar de modo correto boa parte das interpretações de palavras novas. Para usar os indicadores linguísticos a criança deve, porém, já ter aprendido sob quais formas se apresentam as diversas categorias gramaticais na língua à qual está exposta. Portanto, já deve ter adquirido uma notável quantidade de informações gramaticais. A criança com autismo que tenha esses conhecimentos pode, com toda a probabilidade, usar eficazmente o contexto linguístico para aprender palavras novas, e essa sua habilidade pode ser desfrutada de forma sistemática nas intervenções voltadas para o desenvolvimento da linguagem.

As crianças e os adultos também utilizam várias informações e indicadores não verbais. Entre os aspectos não verbais podem ser incluídas as mais diversas informações, mas as intenções de comunicação ocupam um lugar proeminente. É óbvio que a capacidade de atribuir corretamente intenções comunicativas às pessoas que pronunciam palavras novas é crucial no desenvolvimento lexical. Surge desse modo uma clara ligação entre o desenvolvimento do léxico e o desenvolvimento da teoria da mente, a capacidade de atribuir estados mentais sobre a qual discutimos no capítulo precedente. Na base de algumas dificuldades no desenvolvimento linguístico das crianças com autismo poderia, então, estar o mesmo déficit que explica a dificuldade delas nas interações sociais e nos jogos de faz de conta. Segundo Michael Tomasello, da Duke University, não é acidental que as palavras sejam adquiridas a partir dos 12 meses e que exatamente nessa idade se inicie também uma capacidade social fundamental: a capacidade de atenção compartilhada. Segundo ele, as capacidades linguísticas são, de fato, uma forma especial de atenção compartilhada, talvez a forma preferida pelos seres humanos. Essa perspectiva poderia, pois, inspirar as intervenções como as que encontramos no programa ESDM (discutido anteriormente), voltadas a melhorar as capacidades linguísticas ao intervir também nos precursores da teoria da mente, em particular nas limitações na atenção compartilhada.

O olhar é um dos indicadores não linguísticos cruciais para formular interpretações corretas de um enunciado. As crianças no segundo ano de vida prestam atenção ao olhar da mãe para entender a qual objeto presente no contexto se referem suas palavras. Vários experimentos rigorosos demonstraram que muitas crianças com autismo não prestam atenção suficiente no olhar do interlocutor e por isso formulam interpretações equivocadas. Esse resultado sugere a necessidade de se usar indicadores não linguísticos diferentes do olhar para facilitar a aprendizagem lexical nas crianças com autismo ou assegurar-se através de medidas particulares que tal indicador é adequadamente elaborado.

Nos programas de *parent training*, algumas técnicas para melhorar a capacidade linguística são ensinadas à família, que pode aplicá-las também em casa, inserindo-as nas atividades cotidianas. Embora seja muito difícil que algumas horas por semana de intervenção em ambulatório, por si só, produzam grandes progressos, melhorias consideráveis são alcançadas mais facilmente se a família for envolvida na aplicação dos exercícios para desenvolver as capacidades sociais e comunicativas. A intervenção nas capacidades linguísticas, bem como em outros aspectos do funcionamento mental, deveria iniciar-se com uma avaliação objetiva das competências e habilidades da criança nos vários componentes da linguagem, realizada por um profissional. Para as capacidades lexicais e gramaticais existem vários instrumentos adequados a esse fim. Já para a avaliação objetiva das habilidades comunicativas e pragmáticas, há poucos instrumentos disponíveis (entre eles, recordamos o *Children's Communication Checklist* – CCC e as Escalas Vineland).

Sistemas de codificação alternativos à linguagem oral

Se aos 5 ou 6 anos de idade uma criança com autismo ainda não desenvolveu a linguagem oral, ou usa somente poucas palavras isoladas, é oportuno ensinar-lhe um meio alternativo de codificação simbólica de mensagens. Entre as alternativas mais frequentemente utilizadas estão os gestos, as representações icônicas (fotos, desenhos etc.) ou a escrita.

O sistema linguístico gestual a ser usado com crianças com autismo pode ser semelhante àquele usado com crianças que apresentam dificuldades de aprendizagem. Embora o sucesso desse método varie bastante de indivíduo para indivíduo, é talvez mais fácil obter-se sucesso utilizando-se o sistema de comunicação através de figuras e desenhos. No entanto, como as figuras e os desenhos substituem as palavras, podemos encontrar alguns problemas práticos: em primeiro lugar, tornar disponível, quando úteis, um grande número de símbolos icônicos. Em algumas instituições esse problema foi resolvido permitindo à criança prender à cintura um pequeno conjunto de figuras feitas em material resistente e à prova d'água. As figuras podem ser úteis para facilitar não somente a expressão, mas também a compreensão.

A escrita é uma alternativa à linguagem oral que recebeu recentemente uma notável atenção, mas que parece em geral pouco adequada para crianças com deficiência intelectual grave. No caso de crianças sem deficiência intelectual é preciso assegurar-se de que o uso da escrita não entre muito em competição com as outras atividades de interação face a face, úteis à criança para desenvolver e exercitar importantes habilidades sociais e de comunicação. Muitas informações cruciais na comunicação são veiculadas pelo olhar, pela postura do corpo, por gestos, expressão do semblante, entonação e pausas. Todos esses são aspectos da comunicação que na linguagem escrita não são representados adequadamente.

Muitos métodos alternativos à linguagem oral podem ajudar as crianças com autismo, mas não tratam dos problemas típicos e centrais do transtorno autista. Esses problemas não dizem respeito aos aspectos lexicais ou formais, como a sintaxe ou a morfologia. Para cerca da metade das crianças com autismo, não é o conhecimento da linguagem como código que constitui um problema, nem os aspectos estruturais, mas sim os pragmáticos, a capacidade de usar a linguagem nos contextos comunicativos interagindo de forma adequada. Torna-se essencial, portanto, entender quais atividades poderiam ensinar a usar a linguagem não só para codificar pensamentos, mas para exprimir e comunicar intenções.

Ensinar a comunicar

Uma primeira importante medida para favorecer as habilidades comunicativas é reduzir o máximo as fontes de estresse, medo e ansiedade, isto é, os fatores que frequentemente contribuem para piorar o desempenho comunicativo das pessoas, e não apenas daquelas com autismo. Mais que ensinar novas habilidades comunicativas, dessa maneira se tenta aperfeiçoar as condições para que habilidades já existentes possam ser exercitadas e reforçadas.

As pessoas com autismo têm dificuldades persistentes em compreender a linguagem figurada. Uma meta-análise de 2017, realizada em 45 estudos de Tamar Kalandadze, mostra um desempenho reduzido em testes que exigem a compreensão de ironia, sarcasmo e dificuldades ainda maiores para testes que envolvem linguagem metafórica. Em todos esses testes, a compreensão correta requer ir além da simples decodificação do que foi explicitamente dito. Dificuldades nesse aspecto da compreensão da linguagem persistem mesmo em adultos com autismo de alto funcionamento. Descobrir métodos eficazes para promover a compreensão da linguagem figurada é um desafio para pesquisas futuras, mas algumas tentativas bem-sucedidas foram feitas nos últimos anos e os resultados dessas primeiras tentativas de ensinar a compreensão de metáforas e formas idiomáticas são promissores. Por exemplo, as psicólogas israelenses Nira Mashal e Anat Kasirer descobriram em 2011 que apenas dois encontros nos quais as crianças foram apresentadas a uma estratégia específica para descrever as relações entre ideias e conceitos (a estratégia dos "mapas mentais") produziram uma melhora na compreensão idiomática e metafórica. Os "mapas mentais" são os gráficos constituídos por linhas e conexões que permitem representar o conhecimento semântico e enciclopédico das palavras e as relações entre elas, permitindo visualizar e perceber semelhanças que levam à compreensão de uma metáfora ou de um idioma.

Outro aspecto central da competência pragmática é a sensibilidade aos princípios e preceitos que governam as conversações, os princípios que permitem compreender quais e quantas informações são apropriadas a fornecer em certo momento da troca comunicativa para que se tornem compreensíveis e pertinentes. Sobre a sensibilidade a esses princípios baseia-se, em certos casos, a capacidade de interpretar os significados implícitos das mensagens verbais. As pessoas com autismo frequentemente infringem esses princípios e as regras que concernem ao revezamento de turnos, isto é, o entendimento de quando é adequado inserir-se na conversa com uma contribuição própria, a fim de se manter um revezamento harmonioso entre os participantes. A manutenção de uma troca comunicativa e sua característica de ser uma troca prazerosa e satisfatória dependem, enfim, do respeito à outra pessoa, respeito que normalmente é facilitado pela obediência a várias regras de cortesia. As crianças com autismo aprendem muitas dessas regras e as respeitam com grande atenção, mas às vezes encontram dificuldades para aplicá-las em contextos não familiares. Como o principal problema para todas as pessoas com autismo reside mais no uso comunicativo da linguagem do que no conhecimento dos seus aspectos formais, as intervenções não podem se limitar ao ensino de normas de codificação e decodificação, mas devem enfrentar também o campo mais vago e difícil das capacidades de produção e compreensão de enunciados, isto é, o da produção de mensagens e de sua compreensão orientada por inferências pragmáticas.

Ensinar as competências sociais

Do que deriva nossa capacidade para interagir socialmente? O que torna possível enfrentar com sucesso situações sociais novas e complexas, formar e manter amizades, ter prazer em compartilhar experiências interessantes, sentir-se constrangido por alguma coisa e orgulhar-se de outra? Na perspectiva comportamental, convém decompor as habilidades gerais em habilidades mais específicas e, depois, tentar ensinar estas últimas. O ensino de habilidades específicas individuais segue as técnicas clássicas de condicionamento ou procedimentos mais recentes que, felizmente, eliminaram totalmente o uso de punições, substituindo-as pela análise funcional da qual se falou nos parágrafos anteriores. Na perspectiva neuropsicológica e cognitiva procura-se, ao contrário, melhorar as capacidades sociais atuando sobre os componentes cognitivos que se presume estarem na base dessas habilidades, em primeiro lugar a teoria da mente.

A aquisição de inumeráveis habilidades sociais nas crianças sem transtornos evolutivos depende certamente de uma complexa ação conjunta de mecanismos associativos do tipo geral e de mecanismos especializados. Esses mecanismos especializados, como aqueles que regem a formação de laços de apego, são adaptações filogenéticas selecionadas para favorecer o desenvolvimento social. Isso tornaria justificável pensar no uso de princípios ou técnicas também diferentes das comportamentais que apelam para mecanismos gerais de aprendizagem.

Entre as habilidades sobre as quais se tenta intervir de forma comportamental, encontramos a capacidade de iniciar e terminar uma interação de forma apropriada, de manter a distância adequada dos interlocutores, de enfrentar de forma flexível as mudanças nas situações sociais. Os exercícios propostos incluem o *role-playing* [encenação], em que a criança deve tentar se colocar no lugar de outra pessoa e assumir perspectivas diferentes da sua, a participação em jogos sociais e o envolvimento em atividades direcionadas a facilitar a expressão afetiva apropriada ao contexto social.

No início, as intervenções podem concentrar-se na eliminação de comportamentos rudemente inadequados, que provocam forte rejeição por parte dos outros, como, por exemplo, os atos agressivos ou de masturbação. Uma redução drástica dessas condutas pode ser obtida ao se permitir que a criança as associe à interrupção de eventos ou atividades que ela acha interessantes e desejáveis. A intervenção demanda, portanto, antes de tudo, identificar quais são esses eventos agradáveis e desejáveis. Quanto mais cedo se iniciar a intervenção, mais fácil parece ser a obtenção de efeitos plenos e duradouros.

Conquanto sutil seja a análise dos comportamentos sociais, a competência social não pode, todavia, ser reduzida a um conjunto de regras específicas e "mini-habilidades", porque deriva da capacidade de se harmonizar a alguns princípios abstratos e conhecimentos conceituais sobre a natureza das pessoas. Para dar um exemplo, vejamos as capacidades implicadas na cortesia. Existem algumas importantes formas convencionais de cortesia que todos os pais ensinam a seus filhos, como dizer "obrigado", "por favor", "bom dia" etc. Mas a capacidade de ser autenticamente gentil vai muito além dessas convenções. Dois princípios abstratos parecem cruciais na orientação dessa capacidade: não ameaçar a autoestima das outras pessoas e não tirar-lhes a liberdade. Os insultos e juízos muito negativos, como "Você é burro", são indelicados porque violam o primeiro princípio. As ordens diretas, por sua vez, como "Feche a porta!", frequentemente violam o segundo princípio porque manifestam pouco respeito pela liberdade do outro. Por isso, é preferível "Você poderia, por favor, fechar a porta?". Esses princípios implicam noções abstratas e complexas de tipo psicológico (liberdade, autoestima etc.) e o respeito a elas exige unir a bondade a uma sensibilidade em relação ao contexto social e comunicativo. As crianças são ensinadas que mentir é errado, mas, conforme elas crescem, terão de aprender que os adultos às vezes mentem para serem gentis e bons.

As dificuldades em adquirir e usar a teoria da mente podem contribuir para determinar as dificuldades que as pessoas com autismo têm para compreender os complexos fenômenos ligados à gentileza e, consequentemente, para agir em conformidade com alguns princípios.

O ensino da cortesia às crianças com autismo costuma se limitar a ensinar as formas convencionais e não nos deveríamos surpreender caso estas, às vezes, sejam aplicadas em contextos inadequados, gerando comportamentos formais em contextos nos quais, ao contrário, se esperaria um comportamento mais relaxado e informal. Qualquer progresso nessa esfera pode ser um auxílio para a inclusão em ambientes novos, inclusive o escolar. Algumas crianças com autismo desenvolvem tentativas de socialização ou interação excessivamente íntimas com pessoas que encontram pela primeira vez, como, por exemplo, as tentativas de tentar tocar um desconhecido. Para ajudar na inclusão escolar, convém inibir esses comportamentos relativamente cedo e de forma sistemática.

Muitas habilidades sociais não são, pois, reduzíveis a simples conjuntos de regras. Entre elas podemos incluir a formação e manutenção de laços de amizade – uma habilidade que certamente não se pode adquirir através de ensinamentos explícitos, mas que se desenvolve graças à aquisição de competências afetivas e cognitivas fundamentais, como a capacidade de formar alianças, mostrar interesse pelo outro e responder empaticamente. Por esse motivo, na perspectiva da reabilitação neuropsicológica procura-se melhorar as habilidades sociais atuando sobre essas competências afetivas e cognitivas. Os resultados são encorajadores no sentido de que mesmo poucas sessões tendem a produzir melhoras nas tarefas de reconhecimento e compreensão das emoções. A generalização desses progressos, porém, é notavelmente limitada, mas sua observação justifica, todavia, a inserção dessas atividades, criadas para facilitar o desenvolvimento da teoria da mente, nos programas de intervenção. A inclusão social da criança com autismo pode ser promovida mediante o ensino de habilidades específicas, como aquelas a serem utilizadas para iniciar uma conversa ou para comportar-se eficazmente em contextos específicos, como no comércio. O ensino se torna mais produtivo se for desenvolvido utilizando-se auxílios visuais e nos ambientes efetivamente frequentados pela criança, de forma a limitar as exigências feitas às suas capacidades de generalização.

Como enfrentar as estereotipias e os comportamentos repetitivos

Os sintomas apontados pelo DSM-5 incluem diversos comportamentos e manifestações de peculiaridades nos interesses e habilidades lúdicas. Dentre estes, um lugar de destaque é ocupado pelos comportamentos repetitivos e as estereotipias motoras. Esses comportamentos são muitas vezes estimulados ou acentuados por situações estressantes, e podem ser o modo como a criança consegue enfrentar tais situações. Para reduzir em curto tempo a frequência dos comportamentos obsessivos, será, às vezes, suficiente identificar quais são as situações mais estressantes na vida da pessoa com autismo e eliminá-las ou modificá-las, para que se tornem menos ansiogênicas. Se, por exemplo, forem as mudanças imprevistas de lugar ou atividade que geram ansiedade na criança, podem-se reduzir notavelmente suas reações obsessivas, os rituais ou os episódios de raiva introduzindo-se avisos e informações oportunas que lhe permitem preparar-se para a mudança iminente. Pode ser útil informar-lhe de manhã sobre as variações que ocorrerão durante o dia. Para os adultos pode parecer inútil e pedante informar alguém de atividades que parecem óbvias. Mas é exatamente essa a questão, isto é, aquilo que nos parece óbvio não o é de fato para a criança com autismo, que se encontra imersa num mundo pouco previsível e, em seus aspectos sociais, muitas vezes incompreensível. Uma criança que se sente, para usar as palavras de Temple Grandin, "como um antropólogo em Marte".

Talvez os adultos possam compreender melhor a experiência das crianças com autismo ao imaginar a ansiedade que poderia dominá-las diante de situações inesperadas ou novas, especialmente se nessas situações estiverem envolvidas muitas pessoas desconhecidas, cujos papéis sociais não lhes são familiares. Em tais situações, é bem-vinda a presença de programas claros, que enfatizem o local das atividades durante a jornada, provavelmente porque eles terão o mesmo efeito tranquilizante que exercem sobre as crianças com autismo. No início de uma visita ao centro TEACCH, na Carolina do Norte, tive em mãos um programa detalhado de toda a jornada com tudo que iria fazer, com quem e onde ia me encontrar. Fiquei impressionado, pensei até que talvez aplicassem os princípios TEACCH também aos visitantes, mas no fim do dia pude constatar que havia sido uma boa ideia e que tinha tido experiências úteis e encontrado muitas pessoas novas sem estresse nem ansiedade.

Como os comportamentos obsessivos muitas vezes desempenham a função de reduzir a ansiedade ou a angústia, não convém procurar impedi-los de forma direta e excessiva. Pode-se muito bem tentar uma gradual inibição. Patrícia Howlin, do Hospital St. George de Londres, propõe as seguintes sugestões para as intervenções direcionadas à redução de comportamentos obsessivos:

1. Estabelecer regras claras que permitam à criança entender facilmente não só onde e quando certo comportamento repetitivo é proibido e quando, ao contrário, é admitido ou tolerado;
2. Introduzir gradualmente os pedidos de mudanças;
3. Aumentar a previsibilidade dos eventos cotidianos, adequando-se a rotinas preestabelecidas ou através de programas e avisos explícitos;
4. Modificar os ambientes para torná-los menos estressantes, como, por exemplo, criar espaços onde a criança pode se refugiar e encontrar repouso e calma;
5. Distinguir comportamentos e fixações completamente disfuncionais de fixações e comportamentos que podem ser utilizados para fins educativos e profissionais.

Este último ponto nos ajuda a reiterar que alguns comportamentos obsessivos são apenas um obstáculo para a educação e o desenvolvimento da criança, e outros podem, ao contrário, auxiliar no desenvolvimento se forem oportunamente canalizados, como acontece quando certas pessoas com autismo desenvolvem habilidades artísticas particulares explorando a atenção aos detalhes. Essas tendências podem ser também canalizadas para o desenvolvimento de competências científicas, artísticas e técnicas. Alguns estudos de *follow-up* (controles a distância no tempo) indicam a utilidade de algumas fixações e peculiaridades no foco de interesses para uma sucessiva inserção da pessoa com autismo no mundo social e do trabalho.

Favorecer a inclusão escolar

A inclusão e a integração escolar são componentes fundamentais da intervenção psicoeducativa e deveriam ser programadas e realizadas em estreita colaboração com a família, a escola e os serviços de assistência social e de saúde – particularmente os psicólogos e neuropsiquiatras infantis. Infelizmente, entretanto, muitas vezes essa colaboração não acontece e não são raros, por exemplo, os casos de professores de apoio não estarem adequadamente informados sobre os resultados das avaliações clínicas e psicológicas, ou que são instruídos a realizar procedimentos que não ajudaram a decidir.

Entre os objetivos curriculares dos programas de inclusão e integração escolar poderíamos citar: facilitar a tomada de consciência das intenções, preferências e experiências dos outros; desenvolver a capacidade de narrar suas próprias experiências, fornecendo informações suficientes para o ouvinte; desenvolver a habilidade de manter e mudar o assunto de uma conversa de acordo com a perspectiva do ouvinte; desenvolver o uso da linguagem para resolver conflitos ou diferenças de opinião e expressar sentimentos; facilitar o uso de frases complexas para expressar diferenças de significado; estimular a aquisição de convenções verbais para iniciar, modificar ou encerrar interações; encorajar o uso de sinais não verbais, como olhar, gestos e postura; desenvolver a capacidade de interpretação sensível ao contexto comunicativo e a compreensão da linguagem figurada. Esses objetivos devem ser escolhidos e ordenados na formulação do Plano Educacional Individualizado (PEI) da criança. Mas antes de estabelecer os objetivos, é necessário passar muito tempo observando a criança, avaliando com precisão suas habilidades e dificuldades, e construir com ela uma relação em que predomine o bem-estar e a confiança. Por isso, a programação deve ser precedida por uma fase centrada no interesse pelo bem-estar, na redução do desconforto e na eliminação dos estados de ansiedade e medo da criança. Essa fase também costuma produzir uma redução dos problemas comportamentais, como os comportamentos autolesivos, que dificultam as atividades de aprendizagem.

Desenvolveu-se um debate muito acalorado sobre qual seria a melhor forma de inclusão escolar entre aqueles que apoiam as escolas especiais e os que se opõem a elas. Em vários países esse debate foi vencido pelos defensores da inclusão em escolas comuns, frequentadas por crianças sem transtornos evolutivos, levando até mesmo ao fechamento de escolas e classes especiais. Em outros, como os Estados Unidos, a Grã-Bretanha e o Japão, por exemplo, ainda se podem encontrar várias escolas especiais. Os especialistas nesses países assumiram uma atitude mais pragmática e, talvez, menos inspirada em princípios pedagógicos precisos. Vários autores defendem que ambas as escolhas possuem vantagens e desvantagens e, muitas vezes, não é possível afirmar com provas bem documentadas que as primeiras prevalecem sobre as segundas ou vice-versa. Além disso, a avaliação seria feita examinando-se mais casos individuais do que com base em generalizações universais. Logo depois de ter sido constituída, a National Autistic Society – a sociedade das famílias de crianças com autismo no Reino Unido – decidiu fundar escolas especiais. Todavia, não existem provas que demonstrem o quanto seria preferível que elas fossem educadas nesse tipo de escola.

Como se pode facilmente imaginar, um dos maiores perigos das escolas especiais é o estigma que podem gerar. Outro perigo é a criação de ambientes em que não se proporcionem ocasiões de interação social entre crianças com autismo e crianças sem transtornos de desenvolvimento, que seriam preciosas fontes de desenvolvimento e aprendizagem. Outro problema diz respeito ao acesso a formas superiores de instrução que demanda a superação de exames reconhecidos pelo Governo, os quais as escolas especiais nem sempre têm condições de garantir. Em países em que as crianças estão inseridas nas escolas comuns não há essa dificuldade.

Quais são, então, os principais perigos para as crianças com autismo quando enfrentam a inclusão escolar?

1. *Identificação equivocada*: ainda há casos em que a criança com autismo é diagnosticada com outro transtorno, ou nem mesmo é diagnosticada com qualquer distúrbio ou deficiência, seus problemas são minimizados e o resultado desses equívocos é que não lhes é proporcionado nenhum tipo de ajuda especial. Não existem dados para se estimar objetivamente quão alto seja o porcentual desses casos, mas os cálculos nos levam a temer que não se trate de um porcentual pequeno.

2. *Pessoal não qualificado*: ainda que sejam corretamente diagnosticadas, as crianças com autismo são geralmente acompanhadas por pessoas sem formação específica com relação às estratégias a serem adotadas. Os professores são, muitas vezes, deixados na ignorância do trabalho desenvolvido pelos profissionais da área de saúde e, portanto, não podem tirar vantagem de eventuais informações existentes sobre o funcionamento mental e as competências linguísticas da criança.

3. *Bullying*: a criança com autismo é a vítima ideal de atos de *bullying* por causa dos comportamentos bizarros, do déficit social e, para algumas, também do transtorno motor. Os professores devem, pois, ser duplamente vigilantes para evitar que a inclusão escolar, em vez de garantir ocasião cotidiana de aprendizagem se transforme em um suplício doloroso e improdutivo.

4. *Falta de ambientes adequados*: os melhores programas de intervenção psicoeducativa indicam a importância de se dispor de mais ambientes para as várias atividades e de decorá-los de forma a facilitar o uso dos indicadores visuais. Essa recomendação por vezes é dificilmente factível nas escolas comuns devido às limitações financeiras, físicas e de recursos disponíveis.

Em quais soluções podemos pensar, então, para esses tipos de problema?

Uma contribuição fundamental pode ser dada pelos próprios professores que há anos trabalham com crianças com autismo. Seria útil instituir encontros periódicos de formação e atualização para todos os professores, para ajudá-los a conhecer melhor as peculiaridades do autismo e as metodologias didáticas mais úteis para essas crianças. O verdadeiro problema passaria então a ser o de convencer o Governo e os políticos a destinar mais fundos a essas atividades de formação

Contra o *bullying* é necessário exercitar uma vigilância eficaz, que não pode se basear somente nos relatos obtidos da própria criança, porque ela muitas vezes não é capaz de descrever adequadamente os problemas vivenciados. A observação direta e os relatos dos colegas de classe são fontes indispensáveis de informações. Existem vários tipos de intervenções de comprovada eficácia para reprimir os fenômenos de *bullying*. Esse tema deveria, pois, ser abordado de maneira explícita nos cursos de atualização para os professores e em materiais informativos.

Remediar a falta de recursos e de ambientes adaptados levanta problemas complexos de ordem econômica e política que não cabem ser examinados adequadamente neste livro. A questão da educação ainda é um dos maiores problemas do Brasil e de outros países do mundo: as escolas, da Educação Infantil à Universidade, e os laboratórios carecem de recursos adequados. As edificações escolares não são seguras, os salários dos professores e pesquisadores são baixos. É certamente necessário aumentar a consciência da importância vital da educação e da investigação científica para o bem-estar e para o desenvolvimento econômico e cultural da sociedade na população em geral e na classe política em particular. Enquanto isso, podemos tentar organizar os espaços disponíveis para que sejam mais adequados às necessidades educativas das crianças com autismo e com outras necessidades especiais. Por exemplo, podem ser claramente identificadas salas dedicadas a atividades visuoespaciais e perceptivas, salas para atividades lúdicas e áreas para exercícios para o desenvolvimento de habilidades de coordenação motora.

Apesar das muitas dificuldades que podem derivar de comportamentos problemáticos e da escassez de recursos ambientais, não é difícil encontrar casos de inclusão bem-sucedida, mesmo para crianças com autismo com deficiência intelectual grave. Nesses casos, a aceitação dos colegas pode se tornar uma oportunidade de enriquecimento pessoal mútuo e amadurecimento emocional. Uma admirável capacidade dos professores, em inclusões bem-sucedidas, costuma estar associada a uma grande capacidade de adaptação dos colegas que deve ser reconhecida e elogiada. Os colegas de classe podem desempenhar um papel fundamental na consecução de várias metas curriculares e na manutenção de um clima positivo propício ao desenvolvimento e aprendizado. No entanto, é importante garantir que as necessidades educacionais de todas as crianças sejam respeitadas – tanto as das crianças neurotípicas quanto as das crianças com deficiência.

Ainda lutamos para que seja dada a devida importância à instrução, aos estudos e às pesquisas no campo social, visando ao bem-estar e ao desenvolvimento de potencialidades individuais e ao progresso cultural e econômico da sociedade.

O autismo na idade adulta e a inclusão profissional

Para promover a transição da escola para o mundo do trabalho é importante criar conexões fortes e estáveis entre esses dois contextos, de modo que, antes de terminar os estudos, o jovem com autismo tenha tido oportunidade de se familiarizar com alguns ambientes de trabalho. Quando isso não acontece, o fim do período escolar pode se tornar um dos momentos mais difíceis na vida das pessoas com autismo porque, com o fim dos anos dedicados à instrução escolar, de repente faltam-lhes os apoios laboriosamente construídos no âmbito educacional. As atividades de treinamento vocacional são um aspecto essencial de alguns programas de intervenção para o autismo e é desejável que sejam amplamente divulgados.

A inclusão no mercado de trabalho é alcançada com sucesso por apenas uma minoria de pessoas com autismo. No primeiro estudo de acompanhamento de Kanner nos Estados Unidos com 96 de seus pacientes, apenas 13% tiveram sucesso em conseguir um emprego. Percentuais semelhantes de adultos com autismo socialmente bem ajustados e empregados na idade adulta também foram relatados por Patricia Howlin e Michael Rutter no Reino Unido, Janne Larsen e Svend Mouridsen na Dinamarca e Tohru Kobayashi no Japão, enquanto percentuais mais altos são relatados em pesquisas mais recentes. Dado que a maioria das pessoas com autismo é excluída do mundo profissional, certamente é necessário dar maior atenção às instituições e às pesquisas relacionadas aos problemas enfrentados pelas pessoas com autismo na idade adulta e na terceira idade. Vários estudos mostraram que a entrada no mundo do trabalho é, como naturalmente se poderia prever, alcançada de modo mais fácil se a pessoa não tiver deficiência intelectual e linguística e se os traços autistas não forem muito pronunciados. A inclusão profissional não é apenas essencial para a autonomia de uma pessoa, mas, se for bem-sucedida, oferece oportunidades contínuas de crescimento e satisfação pessoal da maneira mais natural. As interações sociais exigidas em situações de trabalho podem dar à pessoa com autismo um forte impulso para superar as dificuldades sociais e de comunicação. As pessoas com autismo são capazes de formar fortes laços de apego e o trabalho pode se tornar um fator crucial na redução do isolamento e no surgimento de estados depressivos.

São Bento dizia justamente que o ócio é o inimigo da alma. Todos os monges deveriam por isso dedicar-se às orações, aos estudos e aos trabalhos manuais. Além disso, no caso dos "irmãos doentes e delicados, a atribuição de trabalhos ou ocupações artísticas não os deveria deixar ociosos nem lhes pesar com a fadiga". Os programas de inclusão no mercado de trabalho devem, portanto, seguir esse princípio e levar em conta as peculiaridades da pessoa com autismo, permitindo-lhe evitar as interações sociais que possam se tornar demasiadamente rigorosas, frustrantes e ansiogênicas. É importante procurar explorar algumas características do funcionamento mental autista que favoreçam a inclusão. Uma revisão de estudos sobre a inclusão profissional de pessoas com autismo foi publicada por June Chen e colaboradores em 2015. Muitos sucessos foram alcançados seguindo padrões de emprego específicos e protegidos para o autismo. Por exemplo, Carlo Hanau relata assim o resultado da inclusão de um jovem com autismo:

> Os profissionais da clínica conseguiram um estágio num escritório em que os demais funcionários, cientes dos problemas do jovem, o acolheram com extrema cordialidade, dando-lhe pequenas tarefas, como servir café, transportar objetos e outras similares. Há anos o jovem vai a esse escritório, onde agora está bem ambientado e, portanto, também rende em termos de produtividade, com contratos que são seguidamente renovados. Isso melhorou enormemente a qualidade de vida do jovem, agora com 20 anos de idade; a de sua mãe, de quem ele havia ficado quase que completamente dependente depois de concluir o Ensino Médio; e, por consequência, a da família inteira. Tratando-se de um sucesso, a satisfação dos profissionais da clínica também não foi pequena.

Ao procurar trabalho, as pessoas com autismo podem tirar vantagem dos benefícios previstos para as pessoas com deficiências, como a lei de cotas. Muitas podem achar desagradável apelar para essas leis, em primeiro lugar devido ao estigma ligado a certos rótulos, mas renunciar a esses benefícios pode acarretar uma severa redução das possibilidades de obter uma boa inclusão no mundo do trabalho. É provável que as desvantagens sofridas pela pessoa com autismo, obrigada a ficar em casa, superem as vantagens obtidas pela não divulgação de seu problema. Tanto a pessoa com autismo quanto seus familiares mais próximos deveriam obter todas as informações úteis para poder decidir corretamente a respeito desse delicado problema, discutindo-o com profissionais de assistência social e de saúde em clínicas e instituições ou com os membros qualificados de associações credenciadas.

Se a pessoa com autismo tiver de se preparar para um processo seletivo, existem várias técnicas que poderão ser adotadas para tornar esse evento tolerável, aumentando as possibilidades de admissão. Antes de tudo, será oportuno ajudá-la a preparar um currículo adequado. Nesse quesito, não parece ser útil ocultar os problemas decorrentes do autismo, mas, ao contrário, falar deles clara e concisamente. Esconder os problemas torna muito provável uma dispensa em pouco tempo. A pessoa com autismo poderia, além disso, ter a tendência de inserir muitas informações irrelevantes em seu currículo e uma supervisão pode identificá-las facilmente. Antes da entrevista é oportuno pôr em prática alguma estratégia para reduzir a ansiedade em virtude de uma situação nova. Por exemplo, pode-se tentar criar uma simulação da entrevista e visitar o local antes da data e horário marcados, de forma a tornar familiares o percurso e os ambientes.

Não obstante essas providências, é provável que para a grande maioria das pessoas com autismo a entrevista de trabalho seja uma prova demasiadamente estressante. Para evitar essa prova, em muitos casos, essas pessoas começam a trabalhar como voluntárias em certo ambiente e, depois de as suas capacidades terem sido avaliadas, conseguem ser efetivadas no cargo. Gary Mesibov, um dos criadores do programa TEACCH, declarou que muitas empresas se dirigem a ele para contratar pessoas com autismo. Essas pessoas são muito apreciadas por várias de suas qualidades, entre as quais especialmente a honestidade, a exatidão e a dedicação ao trabalho, como também nos relata Shirley Wang no *Wall Street Journal*. No entanto, a inclusão profissional continua sendo uma meta muito difícil para a maioria das pessoas com autismo e a integração bem-sucedida depende de uma boa supervisão e monitoramento. É provável que as dificuldades sociais e as estereotipias gerem problemas que, se ignorados, podem levar à demissão. Se tais problemas forem, ao contrário, enfrentados cedo e com tato, muitas vezes podem ser superados com facilidade.

Intervenções na sociedade e respeito à neurodiversidade

Até agora, discutimos intervenções voltadas principalmente para melhorar as habilidades sociais, de comunicação e adaptativas das pessoas com autismo. Agora vamos nos perguntar se e como a sociedade também pode melhorar. Certamente é necessário aumentar os recursos, as verbas destinadas ao apoio às famílias e preparar ambientes domésticos, escolares e de trabalho adequados para a promoção da qualidade de vida dos adultos com autismo. Mas também precisamos de mais pesquisas e programas que forneçam orientações pragmáticas claras sobre como melhorar a qualidade de vida de todas as pessoas com autismo, não apenas daquelas que têm boas chances de conseguir um emprego. As novas perspectivas centradas na neurodiversidade, conceito proposto há mais de vinte anos por uma cientista com autismo, a socióloga australiana Judy Singer, também podem dar uma importante contribuição para esse objetivo. A diversidade, Singer nos lembra, não é uma característica de pessoas ou indivíduos, mas uma medida da variabilidade de uma característica ou de elementos em uma população. As propostas políticas inspiradas na neurodiversidade surgem da intuição de que essa variabilidade não deve ser reduzida, mas sim preservada, pois é uma riqueza e um recurso para a sociedade, assim como a biodiversidade é a grande riqueza do nosso planeta.

Nos capítulos anteriores vimos muitos dados que indicam uma diferença genética entre a maioria das pessoas com e sem autismo, mas "diferença" não significa "doença" ou "distúrbio". O mesmo vale para as evidências coletadas sobre as bases neurais do autismo: muitas diferenças foram documentadas, mas não foi demonstrada a natureza patológica dessas diferenças. Cognitiva e comportamentalmente existem deficiências óbvias, caso contrário, um diagnóstico não teria sido formulado. Mas falar sobre deficiência é diferente de falar sobre distúrbio. Quando falamos de um "distúrbio", está implícita a noção de doença, noção que leva à busca de tratamentos para eliminá-la. Por outro lado, quando se propõe ajudar pessoas com deficiência, muitas vezes é enfatizada a necessidade de ensinar, não de curar, e de modificar os ambientes, físicos ou sociais, para diminuir suas dificuldades e reduzir seu desconforto. Devemos tentar distinguir as dificuldades que, em determinado indivíduo, derivam do autismo, das dificuldades que surgem de outros aspectos associados, mas que não são parte essencial do autismo. Muitas pessoas com autismo também apresentam atrasos no desenvolvimento intelectual e de linguagem e problemas como ansiedade e depressão. Enfatizamos repetidamente nestas páginas que o autismo é caracterizado por uma heterogeneidade muito grande, mas não enfatizamos que essa heterogeneidade também é encontrada na população sem autismo. Se o autismo nada mais é do que a parte "extrema" de uma variação natural do fenótipo humano, pensá-lo como uma condição geralmente associada à deficiência talvez seja mais correto do que vê-lo como um distúrbio ou doença.

Prestar mais atenção à variação natural do funcionamento cerebral e intelectual das pessoas pode nos levar a dar mais valor às diferenças e a pensar de novas maneiras sobre as dificuldades sociais e de comunicação manifestadas no autismo. Apesar dessas dificuldades, as pessoas com autismo podem ser um grande recurso para a sociedade. As peculiaridades de percepção, raciocínio e atenção, se devidamente canalizadas e valorizadas, podem levar à excelência em diversas profissões, conforme explicam Steve Silberman e Simon Baron-Cohen. Essa perspectiva, alguns temem, é perigosa porque pode levar à negação de sérias dificuldades e prejudicar o sucesso dos pedidos de recursos em nome de pessoas com autismo. Os defensores da neurodiversidade, por outro lado, reiteram a importância de ter em mente as várias dificuldades, mas também de deixar de ver em cada dificuldade ou diferença a manifestação de um transtorno ou déficit. Em suma, devemos sempre lembrar que os problemas enfrentados diariamente pelas pessoas com autismo não decorrem apenas de suas características psicológicas, mas também da interação entre essas características e as demandas ambientais, do que os outros esperam delas. Talvez esteja amadurecendo um forte movimento formado por adultos e crianças com autismo dispostos a compartilhar suas experiências e reflexões e a agir em defesa de seus direitos.

PARA SABER MAIS

A bibliografia sobre o autismo é vastíssima e a cada ano se enriquece com dezenas de novos volumes e artigos científicos. O que segue é apenas uma lista muito pessoal de algumas monografias ou trabalhos coletivos, que podem ajudar a aprofundar alguns argumentos e orientar a leitura científica. Seguramente faltam muitas contribuições igualmente importantes e úteis. Por uma questão de brevidade, os estudos a que me referi neste livro não são citados fornecendo referências bibliográficas precisas, mas não será difícil encontrá-los na rede, inserindo o nome dos autores e o ano de publicação.

Um livro muito útil foi organizado por Fred R. Volkmar, *Autism and Pervasive Development Disorders* (3. ed. Cambridge: Cambrige University Press, 2019). O texto oferece uma série de excelentes revisões atualizadas da literatura científica, escritas por especialistas de renome internacional, sobre diagnóstico, epidemiologia, genética, neurobiologia, fatores cognitivos, intervenções educativas e farmacológicas.

A quem se interessa por aprofundar o conhecimento dos processos perceptivos, cognitivos e afetivos no autismo, aconselho o ótimo texto de G. Vivanti, *La mente autistica* (Torino: Omega, 2010); a clássica monografia de S. Baron-Cohen, publicada na Itália com o título *L'autismo e la lettura della mente* (Roma: Astrolabio, 1997); e, do mesmo autor, *The Pattern Seekers: How Autism Drives Human Invention* (New York: Basic Books, 2020).

Para uma introdução às pesquisas sobre psicologia e as bases biológicas do autismo sugiro o livro de Uta Frith, *Autism: explaining the enigma* (Oxford: Cambridge, 1989).

Em espanhol: *Autism: hacia una explicacion del enigma* (Madrid: Alianza Editorial, 2007). Também sugiro o meu livro: *Autismo: indagini sullo sviluppo mentale* (Roma-Bari: Laterza, 2002); S. Vicari, G. Valeri e L. Fava, *L'autismo. Dalla diagnosi al trattamento* (Bologna: Il Mulino, 2012); e, sobre a capacidade de julgamento: L. Surian, *Il giudizio morale* (Bologna: Il Mulino, 2013). Também pode ser útil a obra *Autismo infantil: o que é e como tratar*, de Pierre Ferrari (2. ed. São Paulo: Paulinas, 2008).

A experiência de vida de uma pessoa autista é descrita com elegância e clareza por Temple Grandin em *Thinking in Pictures: My Life with Autism* (New York: Vintage Books, 2010). O caso de Grandin também é relatado no costumeiro e cativante estilo "neurorromântico" por Oliver Sacks em *Um antropólogo em Marte* (5. reimpr. São Paulo: Companhia das Letras, 2000).

Sobre a experiência dos pais, leia-se de Carlo Hanau e Daniela Mariani Cerati, *Il nostro autismo quotidiano: storie di genitori e di figli* (Trento: Erikson, 2003). Uma das primeiras mães a fazer sua voz ser ouvida forte e nitidamente foi Clara Claiborne Park em *The Siege: A Family's Journey Into the World of an Autistic Child* (New York: Hachette Book Group, 1982).

Para uma avaliação das intervenções, aconselho ler *Linea guida 21*, disponível em: <http://angsa.it/wp-content/uploads/2017/11/Il-trattamento-dei-disturbidello-spettro--autistico-nei-bambini-e-negli-adolescenti.pdf>. Uma introdução geral a várias intervenções pode ser encontrada em L. Cottini, *Educazione e riabilitazione del bambino autistico* (Roma: Carocci, 2013) e em P. Venuti, *Intervento e riabilitazione nei disturbi dello spettro autistico* (Roma: Carocci, 2012).

Sobre as terapias mediadas pela família, será útil ler G. Giovagnoli e L. Mazzone, *Parent training nel disturbo dello spettro autistico* (Trento, Erickson, 2020). Para conhecer um programa di intervenção de tipo cognitivo-comportamental dirigido a crianças pequenas, veja S. Rogers e G. Dawson, *Intervenção precoce em crianças com autismo: Modelo Denver para a promoção da linguagem, da aprendizagem e da socialização* (Lisboa: Lidel, 2014).

Uma boa coleção de conselhos úteis para familiares e profissionais pode ser encontrada no livro da psiquiatra e mãe de um menino com autismo Lorna Wing, *Autistic Children: A Guide for Parents and Professionals* (New York: Kensington Books, 1979).

Sobre a neurodiversidade, é imprescindível e apaixonante o texto de S. Silberman, *Neurotribes: The Legacy of Autism and the Future of Neurodiversity* (New York: Avery Publishing Group, 2016). Em espanhol: *Una tribu propia: Autismo y Asperger: otras maneras de entender el mundo* (Barcelona: Editorial Ariel, 2019).

Quem tiver acesso a uma biblioteca universitária, ou puder consultar artigos e revistas científicas em formato eletrônico via internet, pode encontrar muitos estudos sobre o autismo nas principais revistas científicas de psicologia, psiquiatria e neurociências. Entre as melhores revistas científicas que publicam estudos sobre o autismo há revistas gerais, como *Science*, *Nature* e *Pnas*, e as revistas especializadas, em inglês, como *Autism, Journal of Autism and Developmental Disorders, Journal of Child Psychology and Child Psychiatry, Developmental Psychopathology, Developmental Science, Child Development* e *Developmental Psychology*; alguns bons trabalhos de pesquisa podem ser encontrados em *Psicologia clinica dello sviluppo, Autismo e disturbi dello sviluppo* e *Giornale italiano di neuropsichiatria infantile*.

Uma ótima fonte de recursos pode ser encontrada na Associação de Amigos do Autista (http://www.ama.org.br).

Em sua página na internet, há muitas informações práticas e importantes. O site da Associação Brasileira de Autismo (http://www.autismo.org.br/) também é valioso, com dados das entidades que atendem os autistas no Brasil.

Sobre a inclusão escolar, é útil ler L. Cottini, *L'integrazione scolastica del bambino autistico* (Roma: Carocci, 2006) e L. Cottini e G. Vivanti, *Autismo. Come e cosa fare con bambini e ragazzi a scuola* (Firenze: Giunti, 2017).

Já sobre o déficit da teoria da mente no autismo recomendo *Mindblindness: an Essay on Autism and Theory of Mind*, de Simon Baron-Cohen (Cambridge: MIT/Bradford, 1995). Em 2002, saiu uma segunda edição na qual o autor inseriu atualizações úteis sobre investigações de neuroimagens.

Sobre diagnóstico, avaliação e intervenção, podem ser consultadas as seguintes obras: *Handbook of Autism and Pervasive Development*, de Donald J. Cohen e Fred Volkmar (New York: John Wiley & Sons, 1997. v. I: Diagnosis, development, neurobiology, and behavior; v. II: Assessment, interventions, and policy).

Sugestões úteis sobre atividades a serem desenvolvidas com crianças para melhorar suas capacidades sociais podem ser encontradas em *Gioco e interazione sociale nell'autismo: cento idee per favorire lo sviluppo dell'intersoggettività*, de Cesarina Xaiz e Enrico Micheli (Trento: Erikson, 2001).

Sobre as bases biológicas do autismo leia-se o volume de Christopher Gillberg e Mary Coleman, *The Biology of the Autistic Syndromes* (3. ed., Cambridge: Cambridge University Press, 2000).

Em *Diferença essencial: a verdade sobre o cérebro de homens e mulheres*, de Simon Baron-Cohen (Rio de Janeiro: Objetiva, 2004), encontramos uma exposição clara e convincente da teoria segundo a qual a mente autista é uma forma extrema da mente "masculina".

Para as relações entre o autismo e as patologias neurológicas, leia-se *Autismo e lobi frontali*, de Mario Lambiase (Gussago: Vannini, 2004). Muitas resenhas perspicazes, hoje infelizmente um pouco desatualizadas, sobre a psicologia das crianças autistas podem ser encontradas em *Learning and Cognition in Autism*, organizado por Eric Schopler e Gary Mesibov (New York/London: Plenum, 1995).

AGRADECIMENTOS

Agradeço a Daniela Mariani Cerati e Carlo Hanau pela ajuda na parte sobre as intervenções. Além disso, sou grato a Simon Baron-Cohen, Annalia Berti, Luigia Camaioni, Uta Frith, Remo Job, Annette Karmiloff-Smith, Alan Leslie, Michael Siegal, Dan Sperber e Vittorio Girotto pelo apoio a meus estudos sobre o autismo e pelas discussões estimulantes sobre o desenvolvimento psicológico típico e atípico. Sou grato aos amigos e colegas que trabalharam comigo no Baby-Lab do Laboratório de Desenvolvimento Neurocognitivo do Departamento de Psicologia e Ciências Cognitivas da Università di Trento. Agradeço particularmente a Laura Franchin, Janet Geipel, Alessandra Geraci, Giulia Guglielmetti, Dinos Hadjichristidis, Francesco Margoni, Greta Mazzaggio. Gratidão a Stefano Calzolari, diretor da Unidade de Neuropsiquiatria Infantil da Província autônoma de Trento, pela preciosa colaboração. Um agradecimento especial, de coração, a minha esposa, Marina Franceschin, pelas informações acuradas sobre vários casos de autismo, e a minha filha Sofia, por todos os dias em que pacientemente aceitou que eu fosse trabalhar em vez de ficar brincando e lendo livros com ela. Agradeço, enfim, a todas as crianças que participaram dos estudos dos quais se fala neste livro e a seus pais.

Rua Dona Inácia Uchoa, 62
04110-020 – São Paulo – SP (Brasil)
Tel.: (11) 2125-3500
paulinas.com.br – editora@paulinas.com.br
Telemarketing e SAC: 0800-7010081